Dominio del marketing de Instagram

Conozca los últimos secretos para transformar su pequeña empresa o marca personal con el poder de la publicidad de Instagram para principiantes; conviértete en un famoso influencer

Por Leonardo Gómez

Índice

Introducción

Felicitaciones por comprar Instagram Marketing Mastery y gracias por hacerlo. El mundo se está digitalizando rápidamente, cada vez con más herramientas tecnológicas y software que surgen cada día. Esto ha impactado significativamente la forma en que se manejan las empresas, especialmente cuando se trata de mercadeo. El mercadeo digital es un aspecto que se ha vuelto más desenfrenado en el mercado actual. Las redes sociales, principalmente Instagram, han jugado un papel preponderante cuando se trata de la comercialización de diferentes productos. La descarga de este libro es el primer paso para comprender cómo dominar el arte del mercadeo a través de Instagram y hacer crecer tu negocio.

Los siguientes capítulos destacarán algunos de los componentes principales, del mercadeo a través de Instagram, que debes conocer antes de aventurarte a cargar tu producto para que los clientes potenciales puedan verlo y comprarlo. Es decir, el libro te permite tener una comprensión más profunda del mercadeo de Instagram. Luego, aprenderás un tutorial paso a paso sobre cómo publicar con éxito tu producto. Siendo Instagram un activo para Facebook, si has vendido una o dos veces en Facebook, entonces el proceso es bastante similar. Si no, entonces este libro es lo que has estado buscando.

Hay muchos libros sobre este tema en el mercado, ¡gracias de nuevo por elegir este! Se hizo todo lo posible para garantizar que esté lleno de tanta información útil como sea posible. ¡Por favor, disfrútalo!

Capítulo 1: Los fundamentos de Instagram y por qué deberías usarlo

En este capítulo, aprenderás sobre los conceptos básicos de Instagram, hasta cómo puedes crear una cuenta utilizando las funciones muy avanzadas. También descubrirás por qué deberías usar Instagram para promocionar tu producto o comercializar tu negocio. ¡Sigue leyendo para descubrirlo!

¿Qué es Instagram?

Instagram es una plataforma de redes sociales creada para compartir videos y fotos. Se lanzó por primera vez en octubre de 2010 y en ese momento solamente estaba disponible en dispositivos iOS. En abril de 2012, Instagram estuvo disponible en dispositivos Android. Facebook, propiedad de Mark Zuckerberg, compró el servicio en 2012 y desde entonces lo ha mantenido.

Al igual que otras plataformas de redes sociales, Instagram te da la oportunidad de seguir a los usuarios que te interesan. Crea una fuente de noticias o feed en la página de inicio que muestra las publicaciones recientes de las personas que sigues. El feed de Instagram es lo primero que verán los usuarios que entren en tu perfil. Puedes comentarlos o darles "me gusta", según lo que prefieras.

Además de publicar videos y fotos que se quedarán en tu perfil permanentemente, Instagram creó la última incorporación en forma de Historias. Aquellos de nosotros que hemos usado Snapchat antes, estamos familiarizados con esto. Las historias de Instagram te permiten compartir una o más fotos y videos en una serie continua. Cualquiera puede ver las publicaciones en las historias de Instagram dentro de las siguientes 24 horas, después de las cuales caducan automáticamente.

Instagram también admite mensajes directos para que puedas chatear (tener pequeñas charlas entre usuarios conectados a una red) con personas de forma privada. Tiene la libertad de explorar los perfiles de otras personas para averiguar en qué persona podrías estar interesado.

¿Cómo usar Instagram?

Cuando descargues Instagram, te darás cuenta de que la aplicación tiene muchas funciones y, para los nuevos usuarios, puede ser un desafío comenzar. He esbozado una guía para principiantes que te guiará a través de los pasos requeridos para convertirte en un profesional en Instagram, desde cómo puede crear una cuenta, hasta cómo puedes encontrar personas y seguirlas.

¿Cómo crear una cuenta de Instagram?

Para suscribirse a Instagram, primero debes obtener la aplicación móvil de Instagram descargándola en un teléfono iOS (en App Store), Android (en Google Play Store) o teléfonos con Windows (Windows Phone Store). Todavía puedes usar Instagram en computadoras a través de la URL de Instagram.

Una vez que hayas descargado la aplicación de Instagram, pulsa sobre su icono para abrirla. Selecciona "Registrarse con correo electrónico" para crear una cuenta con tu dirección de correo electrónico, o puedes registrarte con tu cuenta de Facebook tocando "Registrarse en Facebook". Si eliges registrarte con una dirección de correo electrónico, se te pedirá que crees un nombre de usuario y luego obtengas una contraseña de tu elección. Después de eso, se te pedirá que completes tu información de perfil, como tu número de teléfono móvil, entre otros. Por otro lado, si eliges crear una cuenta usando Facebook, se te pedirá que inicies sesión con tu cuenta de Facebook, si todavía estás conectado (en Facebook), creará automáticamente una cuenta utilizando tus datos de Facebook.

Después de crear una cuenta, el siguiente paso que debes hacer es editar tu perfil (si lo consideras necesario). Puedes editar la información de tu perfil como tu nombre, tu dirección de correo electrónico o nombre de usuario tocando el icono "persona" en la sección de la barra de herramientas, en la parte inferior de tu pantalla. Toca "Editar tu perfil" y escribe el nombre de usuario que deseas, la URL de tu sitio web (si tienes uno), una breve biografía, luego toca "Guardar" si estás usando un teléfono Android o "Listo" si está usando un iPhone

Navegando por Instagram

Después de configurar tu perfil, mostrará tu biografía, videos y fotos que hayas publicado en Instagram. Puedes editar la información de tu perfil y ajustar la configuración de la cuenta. Para navegar a tu perfil, toca el icono de persona en la pantalla inferior y realiza los cambios que desees tocando el botón "Editar su perfil". Puedes acceder a mucha más información y opciones tocando el icono "Engranaje". Puedes escribir una biografía simple de hasta 150 caracteres. También puedes agregar o cambiar la imagen de perfil importando fotos de la galería de tu teléfono, Twitter o Facebook.

La cámara te permite tomar fotos con la cámara de Instagram o, en su lugar, compartir fotos de la galería de tu teléfono. Para acceder a la cámara, toca el icono central de la barra de herramientas en la parte inferior de la pantalla, puedes tomar una foto, grabar un video, elegir una foto o un video de tu biblioteca de fotos.

Para encontrar personas a quienes seguir, usa la función de búsqueda y exploración. Puedes acceder a esta función tocando el icono de la lupa desde la barra de herramientas en la parte inferior de la pantalla, alternar entre las vistas "Personas" y "Fotos" para explorar publicaciones y usuarios, o puedes escribir en el cuadro "Buscar" y elegir entre "Hashtags"' y "'Usuarios".

La página de inicio muestra publicaciones tuyas y de otros usuarios de Instagram que sigues. Como se explicó anteriormente, puedes dar "Me gusta" (tocando el corazón) o comentar (tocando el ícono de comentario y escribiendo tu comentario) en las fotos y videos en tu feed (fuente de noticias). Puedes acceder a tu fuente de noticias tocando el botón de inicio desde la barra de herramientas en la parte inferior de la pantalla.

La pestaña Actividad muestra los "Me gusta" y los comentarios en tus fotos y videos. Puedes acceder a esta pestaña tocando el icono de "burbuja de diálogo" desde la barra de herramientas en la parte inferior de la pantalla y luego alternar entre "los que sigues" y "Tus vistas".

Encontrar otros usuarios de Instagram a quien seguir

La aplicación de Instagram puede ayudarte a encontrar y seguir a personas que quizás conozcas. Estos son amigos de Facebook y personas en tu lista de contactos que están usando Instagram. Para ver estas sugerencias en un teléfono Android, ve a la página de tu perfil y toca el icono con tres puntos verticales en la parte superior derecha de la pantalla. Toca 'Buscar amigos' y luego selecciona buscar amigos de Facebook, de la lista de contactos de tu teléfono o de Instagram, usuarios sugeridos. Toca "seguir" junto a los usuarios cuyas publicaciones te gustaría ver aparecer en tu página principal (feed).

Si estás utilizando una aplicación de iOS, navega hasta tu perfil y toca el engranaje en la esquina superior derecha de tu pantalla. Elije el icono "Buscar personas para seguir" y selecciona si deseas buscar amigos de Facebook, de la lista de contactos de tu teléfono o de los usuarios sugeridos de Instagram. Toca el ícono "seguir" al lado de los usuarios cuyas publicaciones quieres que aparezcan en tu feed. Para encontrar personas a quien seguir en una aplicación de Windows Phone Instagram, ve a tu perfil y toca el icono con tres puntos horizontales en la esquina inferior derecha de su pantalla. Toca "Configuración", luego elije "Buscar e invitar amigos". Después de eso, toca "Encuentra a tus amigos" para buscar amigos de Facebook o de tu lista de contactos. Para encontrar amigos de Instagram, toca "Usuarios sugeridos" y luego toca "Seguir" en aquellos cuyas publicaciones quisieras que aparecieran en tu feed.

¿Cómo publicar una foto en Instagram?

Al publicar una foto en Instagram, tienes dos opciones: tomar una con la cámara de Instagram o subir una desde la galería del teléfono. Para hacer esto, toca el ícono de la cámara en la parte inferior central de tu pantalla. Desde tu cámara, puedes activar y desactivar la cuadrícula de fotos, alternar entre una selfie (auto retrato), una cámara posterior, o elegir si usar el flash o no. Para tomar una foto, toca el botón del obturador o presiona el ícono de video para grabar un video. Instagram te permite agregar efectos especiales utilizando las herramientas de edición en la parte superior de tu pantalla o usar filtros en su lugar. Puedes agregar un título a tu foto, etiquetar personas en ella, agregar tu ubicación o compartirla con otras plataformas de redes sociales como Twitter, Facebook, Tumblr o Flickr. Al agregar un título, puedes usar #hashtags y @mentions. Utilizar "Mention" te permite alertar a otros usuarios sobre tu publicación; recibirán una notificación indicándoles que los mencionaste. Los hashtags, por otro lado, ayudarán a otros usuarios de Instagram (incluso aquellos que no te siguen) a encontrar tus publicaciones.

Agregando a tu historia de Instagram

Para crear nuevo contenido a tu historia de Instagram, deslízate hacia la izquierda. Esto abrirá un nuevo panel con una amplia gama de opciones: Boomerang (un video de lazo corto), música para agregar algo de sabor a tu historia y Tipo para publicar un texto. También verás la opción en vivo que transmite en vivo desde tu teléfono a tus seguidores.

Para compartir una foto en tu historia de Instagram, haz clic en el icono de la cámara, toma una foto con la cámara de Instagram o elije una de la biblioteca de tu teléfono. Puedes editarlo antes de compartir usando la herramienta de edición de Instagram y luego publicarlo haciendo clic en "Compartir". Puedes seguir el mismo proceso al compartir un video.

¿Por qué deberías usar Instagram?

Quizás te preguntes cuál es el propósito de usar Instagram cuando hay tantas otras plataformas de redes sociales. Bueno, el principal atractivo de Instagram es que se basa en fotos que son muy fáciles de tomar con un teléfono inteligente. No necesitas llevar una cámara real para compartir lo que sucede a tu alrededor, solo toma una foto, aplica algunos filtros y listo. Instagram no es solamente algo de lo que debe preocuparse una persona común; se puede utilizar como herramienta publicitaria para empresas y productos.

¿Por qué usar Instagram para tu negocio?

¿Tu negocio no está en Instagram? ¡Te lo estás perdiendo! Permíteme darte razones por las que deberías considerar agregar tu negocio a Instagram.

Desde su inicio en 2010, Instagram ha demostrado ser una potente herramienta de mercadeo. A continuación se detallan algunas de las razones por las cuales Instagram puede beneficiar tu negocio.

Muchas personas están usando Instagram

Según estadísticas recientes, hay más de mil millones de usuarios activos en Instagram. Con estos números, no hay límites para el éxito de una empresa si se aplica una estrategia dedicada en Instagram.

Cualquier empresa puede prosperar independientemente del tamaño

Con la gran cantidad de usuarios para elegir, una empresa puede lograr mucho. Esto se aplica tanto a las grandes empresas bien establecidas como a las pequeñas empresas o las operaciones de una sola persona. Incluso para las empresas bien establecidas, el éxito no llega de la noche a la mañana, sino que requiere un gran esfuerzo, tal como mantener una presencia activa en línea y mantener una rutina constante de compartir al menos una publicación al día. Esta es precisamente la forma en que las franquicias conocidas como Nike y Pepsi han utilizado efectivamente Instagram para crecer.

Puedes ganar dinero directamente desde Instagram

Habiendo evolucionado a través de los años, Instagram ahora tiene un mayor énfasis en generar ingresos a través de la colocación de productos. La última plataforma desde la que puedes hacer esto es las Publicaciones Compradas: permite a las empresas agregar etiquetas a sus fotos con enlaces que incluyen el precio, la capacidad de "comprar ahora" y la descripción del producto, lo que lleva al usuario a la tienda en línea. Con esta característica, es fácil para las empresas atraer ventas reales desde Instagram. Un estudio muestra que a partir de 2019, el setenta y dos por ciento de los usuarios de Instagram han comprado productos utilizando la plataforma.

Las historias de Instagram hacen que tu negocio tenga más relaciones

Instagram proporciona varias formas de compartir información sobre tu negocio, pero la mejor manera de hacerlo es mediante el uso de historias en vivo. Puedes compartir información sobre tu negocio y cómo se te ocurren tus productos o servicios. Esto se puede hacer compartiendo videos interesantes de cómo se hacen tus productos y sesiones en vivo de Preguntas & Respuestas entre tú y tu audiencia. Las publicaciones en vivo son una excelente manera de generar confianza, relación y credibilidad con tus seguidores. Si los consumidores ven que tu negocio no se trata solo de ganar dinero, confiarán más en tu marca.

Puedes asociarte con personas influyentes

Para aquellos que quizás no lo sepan, las personas influyentes (influencers) son celebridades en línea que pueden promocionar una marca e impulsarla hacia la corriente principal.

Un buen influyente aumenta las ventas de tu negocio a través del mayor retorno de la inversión y el acceso a personas a las que normalmente no llegarías. Pueden difundir la palabra de tu negocio a millones de seguidores con unas pocas publicaciones.

Capítulo 2: El poder de la publicidad de Instagram para principiantes en la transformación de marcas comerciales y personales

Instagram se hizo público alrededor de 2010, y al igual que cualquier otra red social, creó una plataforma donde las personas pueden compartir ideas, gustos, disgustos, sugerencias y cualquier otra política que pueda ser debatida. Sin embargo, vino con una estrategia única de usar, principalmente, imágenes. Comenzó como una simple aplicación para compartir imágenes, pero ahora se ha convertido en un canal completo que se puede utilizar en mercadeo.

Para el éxito prometido en esta travesía, debes invertir en mercadeo. De lo contrario, puedes terminar teniendo inventarios muertos y retrasos en el crecimiento de tu empresa. El mercadeo se puede mejorar cuando llega a clientes potenciales y les explicas por qué tu producto les conviene. Instagram, como plataforma de redes sociales, se puede utilizar para alcanzar más clientes potenciales y mejorar los servicios para clientes habituales.

Últimamente, Instagram ha lanzado más herramientas para mejorar el crecimiento de cualquier negocio. Dichas características incluyen el análisis, una nueva forma de generar tráfico desde las historias de Instagram, publicaciones en las que se puede hacer clic, plataformas de video e IGTV.

Razones por las que debería usar el mercadeo de Instagram para el éxito de tu negocio

La mente humana está diseñada de una manera que asocia imágenes particulares a una característica dada. Sin embargo, esto depende del conocimiento almacenado que posee una persona. No obstante, una persona se siente más libre y segura para comprar un producto cuando lo conoce. Como resultado, el intercambio de imágenes y videos ha sido establecido como la manera más efectiva, especialmente cuando se anuncia un nuevo producto o se llega a un nuevo mercado.

Instagram ha superado a otras plataformas de redes sociales en el intercambio de imágenes y videos. Esto lo hace más adecuado para ejecutar anuncios y llegar a clientes. Se ha determinado que la mayoría de los usuarios de Instagram están más que simplemente comprometidos, ya que comúnmente son compradores en línea. En consecuencia, muchos compradores terminaron decidiéndose por ciertas opciones después de ver un producto en Instagram.

El hecho mencionado hace que los usuarios de Instagram sean la mejor audiencia y, con un poder de convencimiento mejorado y la implementación de los consejos que se mencionan aquí, puedes ganar más clientes que antes.

Otra razón por la cual Instagram es una herramienta recomendable para llegar a más clientes, y al mercado en general, es que entienden los negocios. Instagram ha desarrollado características que favorecen el comercio electrónico y la operación general de un negocio, particularmente todo los relacionado con el mercadeo.

Pasos para el éxito a través de la plataforma de comercio electrónico de Instagram

Una vez que hayas recurrido a hacer un mejor uso de esta plataforma, debes aplicar estrategias particulares para llegar a tus potenciales clientes. Del mismo modo, Instagram no solamente te ayudará a llegar a un gran número sino también un número que puedas convencer de lo increíble que eres y que tú eres la mejor opción. Recuerda, los números no mienten. A continuación se detallan los pasos que debes seguir para impulsar con éxito tu negocio hacia la grandeza y aumentar tus competencias para llegar a muchos consumidores de tus productos o servicios.

Establece tu objetivo y meta: ¿Qué deseas lograr al emplear el comercio electrónico de Instagram? Con metas y objetivos establecidos, es fácil formular tus estrategias y enfoques. Los objetivos pueden o deben ser un número determinado de clientes que alcances cada año. Del mismo modo, puede ser un objetivo de llegar a un grupo particular de personas en grandes cantidades o tal vez un objetivo de ventas por unidad de tiempo.

Identifica a tus clientes objetivo: Primero, debes saber a qué tipo de cliente te gustaría llegar, por supuesto, con respecto a tus servicios. Identificar a tus clientes objetivo te ayudará en la asignación de recursos de una manera más económica. Después de identificar el objetivo potencial, puedes elegir ahora el público objetivo desde donde puedes obtener clientes potenciales. Después de identificar al público objetivo, tómate tu tiempo para comprender su cultura. Al comprender a tus clientes, podrás personalizar tu publicidad, los productos y los servicios que ofreces.

Audita tu cuenta de Instagram: si has sido usuario de la plataforma, revísala y ve las actividades que tú has estado haciendo. Cada aspecto de tu cuenta debe coincidir con la intención del negocio; estos aspectos incluyen perfil, hashtags, feeds, biografías y también los subtítulos. Del mismo modo, las cuentas que tú sigues deben estar en línea con tu negocio. La auditoría debe basarse en los objetivos de tu negocio, los clientes objetivo y el público objetivo.

Establece un perfil comercial para tu cuenta de Instagram: en realidad, Instagram ha acogido al dueño del negocio y le ha dado una cálida bienvenida al establecer características que están destinadas exclusivamente a actividades comerciales. Instagram ha tratado de mejorar las actividades del negocio. Como resultado, ha establecido un perfil comercial que permite al usuario agregar enlaces en las historias, crear publicaciones en las que se puede hacer clic y publicar automáticamente en Instagram. A continuación se detallan los pasos a seguir para configurar un perfil comercial de Instagram.

1. **Crear una página de negocios en Facebook**. En primer lugar, abre una aplicación de Facebook y haz clic en "Crear página" en las opciones que se ofrecen en el menú desplegable. En segundo lugar, elije tu tipo de negocio en la opción "Categoría" y asigna un nombre a tu página. Recuerda que es una cuenta comercial, por lo tanto, se debe seguir la formalidad. El nombre dado debe ser una

palabra clave que una persona pueda buscar cuando necesite llegar a tu negocio. En tercer lugar, sube un perfil y una foto de portada que describa tu negocio. Este puede ser el logotipo de tu empresa o el producto / servicio que ofreces. En cuarto lugar, agrega la descripción y los enlaces que van a invitar a los visitantes de la página a realizar una acción, como visitar tu sitio web u otras plataformas que tengan más información. La descripción debe dar al visitante una idea clara de quién eres y de qué se trata tu negocio, con la menor cantidad de palabras posible. Finalmente, asegúrate de que todo esté en orden de acuerdo a lo que deseas.

2.   **Enlaza tu página de negocios en Facebook a tu cuenta de Instagram**. En primer lugar, inicia sesión en tu cuenta de Instagram y haz clic en tu perfil. En segundo lugar, toca el ícono "Engranaje" en la parte superior derecha de la pantalla para abrir la configuración de la cuenta. En tercer lugar, haz clic en "Cambiar a perfil comercial" y luego "Continuar" para vincular la cuenta de Instagram a tu cuenta de Facebook. Cuarto, asegúrate de que el perfil esté configurado para ser visto por el público, de lo contrario, tu perfil comercial no será validado. En quinto lugar, haz clic en "Continuar como" para conectarse a Facebook y cuando tu página de Facebook aparezca tocar "Siguiente". Si tu página de Facebook no aparece, significa que no estás listado como administrador de la página, y puedes cambiar la configuración a través de la aplicación de Facebook.

3.   **Configura tu perfil comercial de Instagram**. Después de los pasos anteriores, se te pedirá que agregues tus datos, es decir, número de teléfono, correo electrónico, direcciones físicas. La información ingresada es vital, ya que es la utilizada por tus seguidores que estén dispuestos a comprar.

Formula una biografía precisa, completa y atractiva: tu biografía debe informarle a tu audiencia quién eres y por qué deberían seguirte. Puede ser difícil formular uno, pero con objetivos establecidos y conocimiento de tu audiencia objetivo es fácil. Para que tu biografía sea interesante y atractiva para muchos de tu audiencia, debes incluir lo siguiente:

- Tu nombre real o el nombre de tu empresa. La mayoría de los seguidores te buscarán por el título de tu nombre o del negocio. Dependiendo del que tenga más peso, entre el nombre comercial y el personal, incluye uno o ambos para garantizarle a tus visitantes que eres tú.

- Tu nombre de usuario de Instagram. Optimice el uso de los signos "@" y "#". El uso de las etiquetas antes de una descripción crea un enlace que llevará al visitante a una página principal (feed) en tu sitio o externamente a tu sitio web o blogs. Del mismo modo, usa las palabras clave que pueden usarse para buscar y ubicar tu empresa.

- Enlaces a tu sitio web o blog. Comparte un enlace que dirija a tus visitantes a la página de inicio de tu sitio web o blog. Alternativamente, puedes dirigirlos a un producto o información en particular según sea tu objetivo.

- Tu información de contacto. Inserta información sobre cómo los clientes potenciales pueden contactarte. Proporciona tu número de contacto, dirección física y correo electrónico entre cualquier otro canal a través del cual tus clientes puedan comunicarse contigo.

- También puedes incluir cualquier otra información sobre tus habilidades, preferencias, logros y otras características que puedan desencadenar una relación de "amistad" con tus clientes.

Mejora tu perfil comercial de Instagram: dado que ahora has establecido un perfil comercial, estas a pocos pasos para construir tu éxito. Sin embargo, asegúrate de que tu perfil transmita el mensaje que deseas que los visitantes y seguidores sepan sobre tu negocio. Algunos de los usuarios simplemente escanearán tu cuenta y, si no están satisfechos con el perfil o los feeds, es probable que los hayas perdido. Por lo tanto, tus feeds deben transmitir el mensaje de una manera integral y, al mismo tiempo, ser atractivos visualmente.

Vende tu marca a través de las historias de Instagram: recuerda tus objetivos y la meta general que deseas lograr y personaliza el mensaje de manera particular que deseas transmitir a sus seguidores potenciales y clientes. Las historias de Instagram se pueden comparar con el tráiler de una película; le dicen a los seguidores de tu audiencia qué esperar de ti. No generalices tus historias. En su lugar, clasifícalas de manera que tu audiencia pueda comprender el contenido con respecto a sus gustos o preferencias.

Audita tu cuenta nuevamente: ahora que has establecido un perfil comercial de Instagram, vuelve a visitar la cuenta como visitante. Identifica cualquier brecha o inconsistencia en tu comunicación y la información provista.

Estrategias de contenido de Instagram

La estrategia, en este caso, significa que no publicarás de cualquier manera; debes administrar la cuenta con agudeza y formalidad. Tus feeds no deben tener ninguna inclinación política. Estás tratando con diferentes personas que tienen diferentes percepciones y normas sociales. Por lo tanto, mantén la decencia, el orden y la neutralidad en todos tus feeds. Después de todo, tú estás allí para convertir a las personas en tus clientes, y tu negocio es convencerlos de por qué tu producto o servicio les conviene, punto. Dado que Instagram solo permite cuatro tipos de publicaciones, a continuación se detallan las consideraciones que debes tener en cada una.

Publicaciones de video

Siempre debes hacer un video informativo, preciso y no muy largo. Del mismo modo, el video debe ser claro y el sonido asociado debe ser audible.

· **Cómo usar la publicación de video para impulsar tu negocio**

Las publicaciones de video son comunes en los feeds de Instagram; sin embargo, si quieres lo mejor de esto, debes elaborar una estrategia sobre qué y cómo hacerlo.

· **Características de una buena publicación de video**

Ejecuta una promoción de tus productos: dado que las publicaciones de video pueden transmitir mucha información en poco tiempo, debes utilizarlas para vender tus productos y servicios. Una sola imagen no puede mostrar o ilustrar mucha información en comparación con un video de 1 minuto. Del mismo modo, una publicación de video permite a los seguidores ver el producto en más de una dimensión, a diferencia de una foto. Por lo tanto, asegúrate de capturar solo la información relevante que le dará a un cliente potencial la información completa.

Asócialo con tu marca: una publicación de video que presenta tu empresa o marca por primera vez, puede ser la mejor herramienta para anunciar tu marca. Crea un video que asocie el producto a tu marca en particular. Eventualmente, tus seguidores tendrán confianza en la marca y, a su vez, en tu negocio.

Educa a tu audiencia sobre cómo usar tu producto o servicios de manera eficiente: a través de la publicación de tus videos, comparte un breve tutorial sobre tu producto y cuán transformador, efectivo o útil es. Esta será una forma de publicidad y, al mismo tiempo, una lección para tus seguidores. Los seguidores interesados estarán más atraídos después de ver un video que los ilumine. Del mismo modo, les darás una idea acerca de o cómo es tu producto, a los seguidores que, de otra manera, no habrían podido conocer dicho producto o servicio.

Publicaciones de fotos

Asegúrate de que tus fotos sean claras y consistentes con tu negocio. Tienes la opción de publicar la foto en formato horizontal, cuadrado o vertical. Por lo tanto, elije el formato que les dé una impresión de calidad.

Publicaciones de compras

Las publicaciones de compras permiten al seguidor hacer clic en la publicación y ver la información sobre el producto. Además, ellos serán dirigidos hacia una URL donde pueden comprar los productos. Por lo tanto, asegúrate de que tu URL sea válida y que el "Acerca de" del producto o servicio coincida con el verdadero.

Publicaciones tipo carrusel

Esta es una nueva característica que muchas empresas han adoptado para promocionar sus nuevos productos. La función te permite compartir una foto junto con un video. Por lo tanto, asegúrate de que el contenido de la foto y el video coincidan; de lo contrario, crearás ambigüedad en tu comunicación.

· **Cómo mejorar e impulsar tu negocio utilizando publicaciones de carrusel**

Usa publicaciones de carrusel al lanzar un nuevo producto: puedes compartir varias fotos para dar a tus seguidores una idea de cómo es el nuevo producto. Sin embargo, la incorporación de un video junto con las fotos mejorará la comprensión de tus seguidores. Cuando el cliente potencial recibe una idea clara de tu producto y, de alguna manera se ajusta a sus preferencias, en realidad lo has atraído a probar tus productos y servicios.

Lo mejor es compartir información de un evento: tu empresa u organización puede estar teniendo un evento que es vital para tu negocio. Tradicionalmente, puedes subir miles de fotos para que tus seguidores "prueben la sensación". Sin embargo, es muy probable que algunos de tus seguidores no puedan ver todas las fotos y tengan información incompleta. En su lugar, usa Publicaciones tipo Carrusel para compartir el evento, ya que es breve pero muy informativo.

Usa la publicación de carrusel para mostrar qué puede hacer tu producto: entre tus seguidores, hay algunos o muchos, dependiendo del producto, que no saben qué puede hacer tu producto o servicio. Como resultado, una publicación de carrusel puede ser la mejor opción para compartir el escenario anterior y el escenario posterior. A través de una publicación de Carrusel, tus seguidores podrán deducir el significado y la efectividad de tu producto o servicio.

· **Cómo hacer uso de las historias de Instagram para impulsar tu negocio**

Las historias de Instagram son una estrategia de mercadeo esencial. De hecho, muchas empresas crean más historias para captar clientes nuevos y potenciales.

Comparte una historia regularmente: cualquier historia ordinaria en Instagram dura 24 horas; por lo tanto, para alcanzar el número máximo de clientes potenciales, debes publicar historias regularmente, asegurándote de que en cada momento los seguidores tengan algo en qué pensar.

Puedes compartir en cualquier momento a tu conveniencia: para las publicaciones regulares de Instagram, debes coordinar el tiempo para cuando la mayoría de tus seguidores objetivo estén activos. Sin embargo, dado que el contenido estará disponible durante 24 horas, si el seguidor está activo dentro de las 24 horas, igualmente puede ver el contenido. Del mismo modo, puedes compartir el estado como un contenido resaltado. De esta manera durará incluso mucho más.

Haz que tu historia sea más atractiva incorporando diversión, información y contenido promocional: recuerda, debes involucrar completamente a tus seguidores para que lean y vean tus feeds. Por lo tanto, no seas tan serio hasta el punto de intimidarlos o hacerlos sentir que no son bienvenidos. Por otro lado, no seas demasiado bromista o puedes hacer que tus seguidores no reconozcan cuándo estás hablando de negocios. Equilibra todos los aspectos. Haz que tus publicaciones sean informativas para que tus seguidores aprendan más, sean divertidas para transmitir incluso un mensaje sensible y el contenido sea promocional para recordarle a tus seguidores quién eres tú y lo qué ofreces.

Capítulo 3: Consejos para obtener los mejores resultados al publicar en Instagram

Instagram es una plataforma de redes sociales que permite a las personas compartir fotos y videos. Mike Krieger y Kevin Systrom fundaron Instagram y vieron su lanzamiento en octubre de 2010. La aplicación es propiedad de Facebook y permite su uso en dispositivos Android y Windows. Los usuarios pueden subir fotos o videos a la aplicación, editarlos con algunos filtros y organizarlos fácilmente siguiendo la información de su ubicación, así como también tus etiquetas. Otros pueden compartir sus publicaciones con todos sus espectadores o solamente con sus seguidores privados. Otros usuarios pueden navegar a través del servicio, ver la información y los contenidos que son tendencia. Les pueden gustar los videos y las fotos, así como seguir a otros usuarios para que puedan agregar un feed a su contenido.

Inicialmente, Instagram solo permitía a sus usuarios enmarcar su contenido en un cuadrado. Sin embargo, en 2015, se eliminaron las restricciones y se agregaron otras características a la aplicación. Estas características fueron, por ejemplo, la capacidad de subir varios videos o imágenes en una sola publicación, funciones de mensajería y la posibilidad de cargar historias. A pesar de que existen otras plataformas de redes sociales, Instagram ha ganado popularidad con bastante rapidez. Para mayo de 2019, la aplicación tenía más de mil millones de usuarios registrados. Para octubre de 2015, Instagram tenía más de 40 mil millones de fotos subidas.

Instagram, como aplicación de Android, ha pasado por algunas actualizaciones importantes. La primera actualización se introdujo en marzo de 2014, por lo que el tamaño de la aplicación se redujo a la mitad. Se realizaron algunas mejoras significativas para aumentar el rendimiento de la aplicación en dispositivos Android. La razón principal detrás de esta mejora fue porque la mitad de los usuarios de Instagram poseían dispositivos Android y estaban fuera de los

Estados Unidos. En abril de 2017, se realizó la segunda actualización. Se agregó la función "modo sin conexión". Esto significaba que el contenido que había sido cargado inicialmente en el servicio de noticias de la aplicación podría estar disponible incluso sin estar conectado a la red de Internet. A los usuarios también se les dio la posibilidad de dar "Me gusta", comentar, guardar fotos y videos, así como seguir o dejar de seguir a los usuarios, una vez que se conectan a Internet.

Los fundadores iniciales de Instagram, Systrom y Krieger renunciaron a Instagram en septiembre de 2018, y Adam Mosseri tomó el cargo a la cabeza para dirigir Instagram. Se agregó otra función a Instagram en noviembre de 2018, por la cual las personas con discapacidad visual podían escuchar explicaciones de cada foto a través del texto alternativo. El texto es generado automáticamente o un texto es ingresado por el usuario.

Filtros fotográficos

Algunos filtros fotográficos son ofrecidos por Instagram para permitir que los usuarios puedan editar sus fotos. Éstos incluyen:

Normal: esto significa que no hay filtros aplicados

1977- Esto significa un tinte rojo en una mayor exposición que le da a la imagen un aspecto más brillante y descolorido.

Brannan: esta característica aumenta el contraste, la exposición y aumenta el tono metálico.

Hudson-The La característica crea una ilusión de hielo, aumentando las sombras, retocando el centro y el tinte frío.

Valencia: la imagen se desvanece bastante, aumenta la exposición y se añaden algunos colores cálidos para que exista mucha sensación de antigüedad.

Vídeo

En junio de 2013, Instagram permitió a los usuarios compartir videos de 15 segundos en sus líneas de tiempo. Esta característica permitió a Instagram seguir siendo competitivo con otras redes sociales. A finales de 2015, Instagram había agregado algunos elementos que podrían admitir videos en sus pantallas. La limitación en el video de 15 segundos se actualizó en 2016, por lo que los usuarios podían subir un video de 60 segundos. A principios de 2017, hubo una introducción del programa Álbumes, que le permitió a los usuarios subir videos de diez minutos en una sola publicación.

IGTV

Instagram lanzó la función en junio de 2018. Se puede describir como una aplicación de video vertical que puede funcionar tanto en el sitio web de Instagram como en la aplicación misma. La función principal de IGTV es permitir a los usuarios registrados subir videos de 10 minutos con un tamaño límite de 650 MB. Los usuarios que están verificados en Instagram pueden publicar videos con una duración de 60 minutos y una magnitud de 5.4 GB.

Instagram directo

Instagram Direct se lanzó en diciembre de 2013. La función permite a los usuarios comunicarse los unos con los otros a través de mensajes privados. Esto significa que los usuarios que se siguen pueden interactuar a través de mensajes y también pueden enviar fotos y videos. En el caso de que un usuario no sea seguido por el otro y envíen un mensaje, generalmente se marca como "En espera" y deben aceptar para poder abrir el mensaje. Un usuario de Instagram puede publicar un mensaje o una foto para 15 personas como máximo. Las actualizaciones constantes en la aplicación permitieron a los usuarios responder directamente a mensajes privados mediante el uso de emogji, texto o un clic en el ícono del corazón

Hay un ícono de cámara en Direct donde los usuarios pueden tomar videos o fotos sin tener que abandonar la conversación. También es posible enviar enlaces a sitios web mediante Direct, así como publicar imágenes sin tener que recortarlas.

Características del usuario

Demografía. Los usuarios registrados de Instagram se dividen en partes iguales. Esto significa que el 50% de los usuarios posee iPhones y el otro 50% usa dispositivos Android. El número de mujeres que usan Instagram es mucho mayor que el número de hombres. El 68% de las mujeres usan la aplicación y solamente el 32% de los usuarios son hombres. El número de usuarios que viven en áreas urbanas también es mayor que el de usuarios que residen en áreas suburbanas y rurales. El número de jóvenes menores de 35 años es mayor que el de las personas mayores. Esto se debe a que los jóvenes se sienten más atraídos por la aplicación. Las personas educadas demuestran ser los usuarios más activos de Instagram y seguidos por los graduados de secundaria.

Compromiso del usuario. El contenido compartido en la línea de tiempo de Instagram determina dramáticamente la manera cómo los usuarios se involucran. Cuando se revelan los rostros, es probable que muchas personas comenten y le regalen un "Me gusta" a las fotos o videos cargados. Mientras existan menos individuos involucradas con la carga de material, mayor será el número de usuarios comprometidos. Para mejorar la participación de los usuarios, Instagram ha creado una función que permite a los usuarios solicitar la verificación en la tarjeta de identificación de su cuenta. Sin embargo, no todos los que solicitan la verificación obtienen una marca azul.

Tendencias: los usuarios de Instagram pueden crear tendencias utilizando hashtags. El hashtag implica palabras clave particulares con un símbolo hash unido a éste. Los hashtags permiten a los usuarios compartir información con otros usuarios fácilmente. Es una de las tendencias más populares en las redes sociales. Se utiliza resaltando un día y una hora en particular y eligiendo el material a publicar. Se agregó una característica llamada "Seguir" en el hashtag por lo que al presionarlo, los usuarios pueden ver aspectos importantes de lo que está incluido en sus feeds.

Motivos entre adultos jóvenes. Mirar publicaciones, interactuar y pasar el tiempo son algunos de los motivos por los que un número significativo de jóvenes usa Instagram. Esto se debe a que los jóvenes prefieren la comunicación visual a cualquier otra forma de comunicación.

Características que distinguen a Instagram de otras aplicaciones de redes sociales

En el mundo moderno, tenemos disponibles múltiples aplicaciones de redes sociales. Estas plataformas nos brindan una oportunidad para compartir fotos, videos e ideas con los que nos siguen. Cada plataforma de redes sociales tiene su singularidad, lo que significa que cada una tiene sus aspectos que las hacen diferentes de las otras. Sin embargo, la mejor plataforma disponible para casi todos es la aplicación de Instagram. Tiene su superioridad sobre otras plataformas porque tiene múltiples funciones que no están disponibles en otras aplicaciones. Por lo general, tiene una combinación de características de casi todas las plataformas de redes sociales. Se puede describir como una aplicación con todo incluido. Como se dijo anteriormente, permite a los usuarios publicar sus fotos, videos y usar subtítulos en sus publicaciones. También es posible etiquetar a otros usuarios cuando uno carga una foto o un video. La aplicación también mejora la mensajería directa, donde las personas pueden enviar mensajes de texto en privado a sus colegas, familiares y amigos.

Usar Instagram ayuda a las personas a evitar congestionar sus teléfonos con muchas aplicaciones de redes sociales. La función "Mi historia", por ejemplo, permite a los usuarios cargar fotos y videos en su historia y la hace visible para todos. A otros usuarios les puede gustar, comentar o responder a las publicaciones con mucha facilidad. Las imágenes que se cargan se pueden editar utilizando las funciones de filtro proporcionadas, ubicaciones etiquetadas, amigos y escribiendo un título con palabras ilimitadas. Esto es, a diferencia de otras plataformas, por lo que el número de palabras es limitado.

Instagram permite a los usuarios privatizar sus cuentas. De esta manera, solo las personas que uno acepta seguir pueden ver sus publicaciones. Cuando uno descubre que otro usuario está actuando maliciosamente en su cuenta, puede denunciarlo. Las cuentas de tales personas se considerarán inapropiadas.

Para una nota comercial, Instagram también es considerada una de las mejores plataformas para el mercadeo en las redes sociales. El mercadeo en redes sociales ha crecido ampliamente, reemplazando los métodos tradicionales de mercadeo. Esto se debe a que la mayoría de las personas pasan su tiempo en las redes sociales, por lo que es una gran plataforma para comercializar productos y servicios. Instagram ha demostrado ser el mejor en mercadeo debido a los siguientes tres factores.

1. Mejor penetración en el mercado objetivo: los adultos jóvenes tienden a ser compradores impulsivos, por lo que influir en sus opciones de compra en Instagram es mucho más fácil. Una amplia gama de usuarios de Instagram tiene menos de 35 años y posee una cuenta de Instagram. Una persona de negocios con experiencia convencerá fácilmente a los jóvenes para que compren sus productos y servicios, asegurándoles su efectividad. La mayoría de estos jóvenes están ganando mucho dinero y, por lo tanto, comprar no será un problema mientras el producto esté bien representado. Instagram es una aplicación sobresaliente porque las personas de negocio pueden subir videos del producto, pueden estar demostrando su uso y la variedad disponible. También se puede cargar un video en los servicios que se ofrecen, lo que atrae a una base de clientes más extensa. Las mujeres toman la porción más significativa de los usuarios de Instagram y es evidente que les encanta ir de compras. Por lo tanto, Instagram demuestra ser la mejor plataforma.

2. Mejor visualización de contenido. Como emprendedor que muestra productos o servicios, Instagram permite una increíble participación del cliente. Instagram permite la interfaz de usuario, lo que hace que uno pueda crear su marca al subir fotos y videos de una manera muy efectiva. Las imágenes o videos cargados se muestran bien, minimizando así el desorden que probablemente podría desanimar a los clientes potenciales.

3. Los usuarios de Instagram son más activos y pasan gran parte de su tiempo en la plataforma. Esta es una de las características que hace que Instagram supere a otras plataformas en las redes sociales. Estudios anteriores revelan que es probable que a un número considerable de usuarios les guste, respondan, comenten e incluso compartan imágenes cargadas en Instagram, a diferencia de otras plataformas. Cuando una imagen o video de negocios se comparte o comenta varias veces, llega a una población más amplia, que es lo mejor que le puede pasar a tu negocio. Es probable que se amplíe la base de clientes para una actividad particular.

Consejos sobre cómo publicar en Instagram para obtener los mejores resultados

Para aumentar el compromiso que uno tiene en Instagram, es crucial lo que publicamos, cómo publicamos cuándo publicamos y con qué frecuencia debemos publicar. Todos en la plataforma esperan aumentar el número de "Me gusta" y garantizar que más personas participen en lo que publican. En muchos casos, los usuarios complicarán las cosas simples y no lograrán lo que quieran. Los siguientes son algunos consejos que los usuarios de Instagram pueden considerar para aumentar el número de seguidores, los "Me gusta", comentarios y compartidos en las publicaciones que realizan.

Compartir fotos y videos de alta calidad. Esta es una de las cosas más simples que las personas pueden hacer al subir fotos y videos, pero a menudo lo complican. Se puede hacer asegurando que las fotografías o videos que se están cargando no estén pixelados, borrosos u oscuros. El enfoque del usuario debe centrarse principalmente en la calidad del video o la foto que se está cargando. Debería ser bastante simple, por lo que no debe estar desordenada, usar múltiples fuentes o comprimidas en una sola carga. Obtener más "Me gusta" depende completamente de qué tan bien se muestren las fotos o videos. Un video explícito siempre obtendrá al usuario muchas vistas, así como descargas y sea compartido ampliamente.

Escribir algunos subtítulos interesantes y emocionantes. Simplemente cargar una imagen no es suficiente; el título que sigue a la imagen juega un papel importante en la determinación del número de usuarios en los que participa. El título debe tener algún valor y debe ser interesante para atraer a múltiples seguidores y más usuarios. Las palabras únicas u oraciones de una sola palabra deben eliminarse. Un usuario de Instagram debería enfocarse en contar detalles que sean evocadores e inspiradores. El público siempre se sentirá atraído por una publicación que tenga un subtítulo que se identifique con ellos, que sea gracioso o inspirador y que definitivamente seguirá, le dará "Me gusta" y comentará la imagen o el video subido. Es esencial trabajar en varios subtítulos en diferentes publicaciones y ver cuál recibe más "Me gusta" y comentarios e intentar perfeccionar a su usuario para aumentar la cobertura.

Usar un llamado a la acción. Para lograr lo que deseas, debes comunicarte con tu audiencia de manera efectiva. Puedes incluir fácilmente una llamada a tu audiencia para que te regale un "Me gusta", comente o comparta tu publicación. La petición que le haces a tu audiencia para involucrarlos debe ser cortés y estar relacionada con la publicación que hayas hecho. Por ejemplo, si tu publicación fue sobre una experiencia que tuviste en la escuela secundaria, puedes finalizar tu leyenda o pie de foto escribiendo "Haz clic en Me gusta y comenta a continuación si tuviste las mismas experiencias en la escuela secundaria". Usar diferentes maneras de llamar a la acción es vital, ya que ayuda a atraer a más usuarios. Por ejemplo, si se trata de un video, se puede usar la declaración "vincular en mi biografía, comentar, etiquetar a sus amigos y compartir". De esta manera, las personas siempre se encontrarán respondiendo y haciendo clic en "Me gusta" en tus publicaciones, lo que te dará una multitud de seguidores y "Me gusta" en Instagram.

Saber quién es tu audiencia. Debes sentirte cómodo con el público al que te diriges en tus publicaciones. Debes saber qué le gusta a tu público objetivo, tal vez memes, fotos de viaje o fotos de comida. Crear contenido que sea atractivo para tu audiencia aumentará la cantidad de "Me gusta" que obtengas en las publicaciones que realices. Teniendo en cuenta que Instagram es bastante fácil de usar, puedes observar profundamente lo que tu público objetivo encuentra agradable y siempre ofrecerles una variedad de lo que quieren. Tu número de seguidores también aumentará, ya que muchas personas querrán saber más sobre lo que estás publicando en tu página de Instagram.

Recuerda siempre agregar una Geolocalización a cada publicación que hagas. La geolocalización es un texto de ubicación simple que generalmente aparece encima de una publicación. El número de "Me gusta" que puede obtener este pequeño texto es bastante significativo. Siempre es esencial tener en cuenta los lugares que tu audiencia encuentra interesante. Usando esas ubicaciones así como el breve texto anterior, tus publicaciones siempre llegarán a varias personas. Los usuarios de Instagram deben asegurarse de agregar la ubicación en el momento en que cargan una imagen o video.

"Me gusta", comenta y comparte constantemente cada día. Para obtener más "Me gusta" en Instagram, debes hacer lo mismo con las publicaciones de otras personas. Para aumentar la cantidad de personas involucradas en tus publicaciones, es esencial considerar la posibilidad de interactuar con otros usuarios de Instagram. Mostrar interés genuino en las publicaciones subidas por otros usuarios les muestra un poco de apoyo hacia ellos y los alienta a revisar tu línea de tiempo. De esta manera, lo más probable es que les gusten y comenten las publicaciones que hayas realizado en tu página, lo que aumentará su feed.

Usar los hashtags correctos. Los hashtags correctos siempre facilitarán que un usuario obtenga más "Me gusta" y seguidores. Esto se debe a que ayudan a involucrar ampliamente a los usuarios de Instagram y le permiten estar por delante de sus competidores. En cada publicación realizada, un usuario debe considerar el uso de hashtags variados para describir el público objetivo o la cuenta. Un usuario de Instagram debería intentar que sus hashtags sean lo más únicos posible para atraer a más seguidores. Los hashtags de uso común siempre desanimarán a posibles seguidores y "Me gusta" porque la gente ya está demasiado acostumbrada a ellos.

Animar a las personas a etiquetar a un amigo o a un seguidor. Esta es una de las mejores técnicas que puedes utilizar en la cotización para aumentar tu número de seguidores, "Me gusta" y comentarios. Uno debe invitar a su audiencia a etiquetar a un amigo o seguidor famoso en la publicación realizada. Un usuario de Instagram debe asegurarse de que su publicación sea atractiva e interesante para que otras personas encuentren valor al etiquetar amigos o compartir la publicación. Por ejemplo, si es el caso de un negocio de jeans para damas, puedes agregar una solicitud a los seguidores para que etiqueten particularmente a las damas que deberían acompañarlas a la tienda de jeans para damas. De esta manera, es probable que la publicación se comparta más, lo que aumenta el número de "Me gusta" en su feed. El número de seguidores también se duplicará, ya que las personas desearán saber más sobre el negocio en el que estás trabajando.

Uso constante de historias de Instagram. Los usuarios activos en las historias de Instagram son alrededor de diez millones en todo el mundo. Esto significa que las historias de Instagram no deben ignorarse. Esto se puede hacer cargando historias en la página de Instagram y pidiendo a la gente que las evalúen o las vean. Es probable que los "Me gusta" y el tráfico en las publicaciones realizadas se incremente mucho.

Patrocinando regalos. Esta es una de las cosas que la audiencia en Instagram encuentra atractiva y sigue las cuentas que promocionan los regalos. Esto se puede hacer incitando a la audiencia con una nota que indique que para calificar para los obsequios requiere que hagan clic en "Me gusta", comenten y compartan una publicación en particular. Una audiencia interesada hará lo que se le indique para poder ser elegible. Agregar algunas calificaciones, como decirles que etiqueten amigos, también funciona mejor cuando uno quiere aumentar el número de seguidores en sus feeds. También puede ayudar a llegar a un público más amplio. Cuando un usuario gana los obsequios que se promocionan, se convierte en una victoria para ambas partes. En muchos casos, otros lo seguirán de nuevo en su cuenta para poder tener una oportunidad de ganar si tienen otra oportunidad.

Siempre considera etiquetar cuentas que sean relevantes para la publicación realizada. Cuando las personas relevantes o populares se etiquetan en una publicación, se llega a un público más amplio. Esto se debe a que cada vez que son etiquetados, una notificación siempre aparecerá en sus feeds y será visible para su audiencia. Su atención será captada y estará interesado en seguir la cuenta en particular. Uno siempre debe asegurarse de que las personas que están etiquetando en su marca sean relevantes para evitar que se guarden como spam (mensaje no deseado).

Publicar en un horario regular es otra técnica para aumentar seguidores, "me gusta", compartir y comentarios. Para lograr los mejores resultados, uno debe establecer un horario para publicar. Esto ayudará a garantizar que la audiencia siempre esté comprometida. Uno puede tratar de identificar el tiempo que muchos usuarios están en línea y publicar en ese momento en particular. De esta manera, es probable que una publicación obtenga más "Me gusta" y más compartidos.

Capítulo 4: Creando historias e interactuando con tu audiencia a través de Instagram

Instagram es simplemente una plataforma de redes sociales donde puedes compartir videos y fotos. Fue lanzado oficialmente en octubre de 2019 en iOS. En abril de 2012, estuvo disponible para Android y al mismo tiempo, Facebook lo compró y desde entonces ha estado bajo su propiedad.

Ventajas de usar Instagram

·   Instagram se basa principalmente en fotos que actualmente son muy fáciles de tomar con teléfonos inteligentes. Puedes compartir tu mundo con otros a través de una simple foto instantánea.

·   Puedes ser simplemente un acechador o un merodeador. Esto significa que puedes ser un seguidor sin publicar nada. Es aceptable ser un seguidor de tus amigos, fanáticos y celebridades si eso es lo que te hace feliz.

·   Es una herramienta efectiva para la publicidad. Puedes promocionar tus blogs o vender productos en Instagram.

Conceptos básicos de crear una historia en Instagram

Primero, abre Instagram y luego toca el icono de la cámara en la esquina superior izquierda de tu teléfono.

Comparte un video o una foto que ya hayas tomado deslizando el dedo en tu pantalla y navegando en la galería o elije en la cámara para capturar una foto o video en la aplicación.

Hay opciones que puedes elegir;

En Vivo

Una opción en vivo te brinda la opción de filmar y transmitir de inmediato. Los amigos pueden seguir dejando comentarios y cuando termines de transmitir, puedes permitir que el video desaparezca, pueda ser guardado o pueda ser compartido por las próximas 24 horas.

Normal

Cuando tocas, Instagram captura una foto y cuando mantienes presionado, graba un video. Las historias de Instagram normalmente tienen una duración de 15 segundos, en caso de que tu historia sea más larga usa 'CutStory para "dividirla" en partes de 15 segundos cada una.

Boomerang

Las películas en modo Boomerang permiten hacer GIF en bucle de hasta tres segundos de duración.

Superzoom

Superzoom es una lente de grabación de video que puede acercar la toma o el enfoque hacia el objeto que estas grabando al mismo tiempo que grabas, así como también subir el volumen. Puede crear una banda sonora dramática que acompañe a tu video

Rebobinar

Aquí puedes utilizar la lente de rebobinado para filmar un video en reversa.

Stop Motion

Esta lente filma videos geniales de movimiento detenido. Estas son varias imágenes fijas entrelazadas en un video sin interrupciones.

Manos libres

Aquí simplemente usa el modo manos libres para configurar una cámara para filmar un video.

Después de editar tu foto o video, toca "Su historia" o "Siguiente" para compartir. Puedes guardar tu video o foto editada en tu galería tocando "Guardar".

¿Cómo involucrar a la audiencia en Instagram?

· Hacer uso de personas influyentes (influencers)

Llégate a cuentas y usuarios influyentes de Instagram. Los influencers de las redes sociales se consideran celebridades modernas. Al colaborar con los programas de influencers, estás bien informado sobre las tendencias recientes.

Asóciate con personas influyentes que no solo tengan un gran número de seguidores, sino también los seguidores correctos con los que puedas participar. Este es el tipo de seguidores del que puedes participar en sus conversaciones. Esto es mucho más fácil que comenzar el tuyo desde cero.

· Use la reprogramación

La reprogramación es publicar una foto que es de otra cuenta en la tuya. Esta es una de las formas más efectivas y fáciles de involucrar a la audiencia. Crea una relación mutuamente beneficiosa que convierte a un fanático casual en un embajador.

Tu feed también se llena con excelentes fotos que te ahorran el tiempo de tomar las fotos tú mismo. Tus fotos reprogramadas probablemente harán que más fanáticos compartan más, creando un ciclo de Contenido generado por el usuario (UGC por sus siglas en inglés)

Los consejos para atraer UGC en Instagram incluyen;

Usar hashtag convincente

Organizar concursos de fotografía a través de Instagram

Estar pendiente de tus imágenes etiquetadas

Fomentar el envío de fotos

Usar tus subtítulos para provocar discusiones

Recuerda que Instagram es una red social visual y las fotos son más importantes; por lo tanto, se puede utilizar para impulsar una mayor participación. Invierte mucho tiempo elaborando un título cautivador que le de vida a tu imagen, lo que hará que los seguidores se relacionen con tu contenido.

Ten una voz consistente, como directrices suaves, letras que sean congruentes, agrega marcas de tiempo o fecha, y cosas por el estilo, que animen a los seguidores a responder.

· Sé parte de las cadenas de comentarios.

Monitorea los comentarios, ya sean positivos o negativos. Aprecia a los seguidores por sus amables comentarios o por etiquetar a sus amigos. Responde a los comentarios que soliciten más información sobre la foto.

Ser receptivo a los comentarios le demuestra a tus seguidores que ellos te importan o que son importantes para ti. Esto también genera lealtad.

· Participa en concursos y campañas.

Instagram tiene la opción de ejecutar concursos que pueden ayudar a crear seguidores y también aumentar el compromiso. Algunos de estos concursos a considerar incluyen;

Concursos de "Me gusta": aquí, simplemente solicita a los usuarios que agreguen un "Me gusta" a tu foto para poder participar en un concurso y ganar un premio.

Concursos de comentarios: aquí, ingresan al concurso comentando tu foto. Por ejemplo, se les puedes pedir que etiqueten a tres amigos o que digan por qué quieren ganar el premio. Este tipo de concurso te permite recibir comentarios relevantes y también tráfico directo a tu cuenta.

Concurso de reprogramación: aquí, solicitas a aquellos que desean participar en el concurso que reprogramen una imagen que estés etiquetando en tu cuenta. De esta manera, obtienes el beneficio no solo de tus seguidores, sino también de los seguidores de tus seguidores.

Concurso Photo Challenge: este es un concurso popular de Instagram que utiliza hashtags.

Descubrir ideas en una historia de Instagram

La función "Historia de Instagram" es uno de los componentes más populares en esta aplicación. Es una plataforma poderosa que potencia el compromiso en la aplicación. A continuación vemos algunas ideas de historias que impulsan un compromiso efectivo;

· Ir en vivo

Cualquier cosa puede suceder en una transmisión en vivo y es probable que muchos usuarios sintonicen. Además, en la transmisión en vivo las preguntas se atienden rápidamente, por lo que es un lugar perfecto para una sesión rápida de preguntas y respuestas. Antes de la transmisión de Instagram en vivo, tus seguidores recibirán una notificación de tu transmisión en vivo prevista, lo que te ayudará a construir tu audiencia en vivo.

Después de la transmisión en vivo, puedes subirlo a tus historias, haciendo posible que los seguidores que no pudieron sintonizar tengan la oportunidad de verlo más tarde.

· Guiar a los usuarios a tu contenido.

Puedes utilizar un llamado a la acción convincente en tu historia y, por lo tanto, atraer tráfico a tu sitio. Ten en cuenta que Instagram permite agregar un "enlace deslizante hacia arriba" a tu historia. Por ejemplo, Starbucks estaba promocionando sus nuevas bebidas frías en sus historias de Instagram. Invitaron a los seguidores a deslizar hacia arriba para hacer sus pedidos.

Otros usos adicionales o la función de enlace incluyen;

Anunciar el contenido del blog

Promover contenido extenso como tutoriales y seminarios web

Probar contenido exclusivo

· Ofrecer un adelanto

Puedes usar las historias de Instagram para tentar a tus usuarios con un evento futuro o un anuncio que harás próximamente a tus seguidores de Instagram, haciéndolos sentir especiales. Esto producirá que hagan planes para venir al evento real. Tales gestos ayudan a generar confianza y les da a tus seguidores una gran razón para seguir tu cuenta.

· Tener un detrás de escena para tus seguidores.

Puedes tener un "elemento detrás de escena" como una receta popular o un día en la vida de un empleado, solo para construir una conexión más profunda e íntima con tus seguidores. Agrega un elemento "humano" en las historias de Instagram.

· Encuesta a tu audiencia

Esta es una nueva característica en Instagram. Es una forma realmente divertida de atraer seguidores. Por ejemplo, los equipos deportivos han utilizado encuestas en Instagram para que los fanáticos puedan predecir el resultado de un juego.

Crear una encuesta en Instagram es simple. Solamente graba tu historia, luego abre el menú de etiquetas y toca el icono de la encuesta. Aquí se te pedirá que agregues una pregunta y personalices tu elección de respuestas. Los seguidores ahora podrán emitir su voto y ver los resultados en cualquier momento que regresen para ver la Historia.

Aplicaciones que mejoran las historias de Instagram

En el mercado actualmente están disponibles muchas aplicaciones para el editor de historias de Instagram que son capaces de mejorar tu experiencia de Instagram. A continuación vemos algunos de estos;

· Adobe Spark Post

Adobe Spark Post ofrece efectos animados que puedes utilizar en tus fotos. Es compatible con iOS, Android y plataformas de escritorio. Viene con diferentes opciones para ajustar el tamaño de cualquier publicación que realices. La mayoría de las personas prefiere convertir sus fotos en videos de cuatro segundos para compartirlas como historias en Instagram.

Para usar la aplicación, toca el signo + verde en la parte inferior de la pantalla. Selecciona la imagen de fondo, ya sea un color sólido o una foto. Cuando la historia está lista, compártela simplemente tocando el botón. También puedes guardar historias en tu cámara.

· Video Shop

Está disponible tanto en Android como en iOS.

Para agregar contenido nuevo a la aplicación, toca el ícono + en la esquina superior derecha. Para agregar más clips, ubica el ícono + en la parte inferior. La ventaja de Videoshop es que puedes abrir automáticamente el tamaño del clip que vas a importar. Si el clip importado no está en la posición correcta, puedes deslizarte a varias opciones debajo del clip y luego seleccionar las opciones para realizar la configuración que deseas.

· Filmmaker Pro

Esta aplicación de iOS te permite editar videoclips cuadrados (1: 1), horizontales (16: 9 y verticales (9:16) con facilidad. Para cambiar a la aplicación, toca el signo +. Para cambiar a los modos de color, toca el icono de engranaje a la izquierda. Su característica más sobresaliente es que puedes instalar fuentes personalizadas. Esto significa que puedes enviar, por correo electrónico, un archivo con la fuente que desees y luego tocar para abrirlo desde tu teléfono móvil. A partir de entonces, la fuente estará disponible automáticamente cuando lo desees.

· Hype Type

Esta aplicación de iOS permite agregar texto personalizado animado sobre boomerangs y videoclips. Es posible que no puedas personalizar los colores y las fuentes, pero su interfaz intuitiva es hermosa. Admite superposiciones de música en videoclips grabados y puede recortar clips a varias opciones de dimensiones.

Mientras usas esta aplicación, mantén los videoclips entre cinco y quince segundos de duración. Además, con esta aplicación, puedes crear gráficos geniales para usar en Instagram Story y publicaciones de blog cuando lo desees.

· Font Candy

Font Candy ha ganado la adoración del público y su popularidad en el pasado reciente. Es una aplicación para iOS porque es fácil de operar. La aplicación Font Candy viene con geniales obras de arte y fuentes interesantes y divertidas con las que puedes jugar al agregar tus fotos.

Comprobando el análisis

· Aumentar la tasa de compromiso

Puedes aumentar la tasa de compromiso de tus usuarios comparando las publicaciones de Instagram para identificar el contenido más atractivo. Esto lo puedes hacer de la siguiente manera;

o Calculando la tasa de compromiso

o Clasificando su ubicación o clasificación de acuerdo a su rata de compromiso

o Observando las ubicaciones con mejor desempeño

· Optimizar tus tiempos de publicación

Optimiza tus publicaciones obteniendo más "Me gusta", comentarios y vistas de tu contenido tomando las siguientes acciones;

o   Calcular los siete mejores momentos para realizar tus publicaciones y las que generan la mayor participación

o   Descubrir cuándo tu audiencia es más activa

o   Usar de información sobre la ubicación para identificar las mejores zonas horarias

·   Atraer a los seguidores correctos

Atraiga a los seguidores correctos conociendo a quién atrae tu cuenta a través de:

o   Usar datos demográficos como género y edad para guiarte en la estrategia de tu contenido

o   Descubrir la ubicación de tus seguidores por ciudad, país e idioma hablado

o   Rastrear la tasa de crecimiento de tus seguidores y ver su perfil regularmente

o   Mediante el uso de Instagram Hashtag Analytics, sabrás qué hashtags funcionan mejor

Usando historias como parte de un negocio en Instagram

Las historias de Instagram son una manera fácil y rápida de interactuar con otros seguidores y usuarios. Un estudio realizado por Microsoft revela que la atención humana promedio se redujo de doce a ocho segundos en 2017. Esto se debe principalmente a la proliferación de la tecnología.

Las historias de Instagram de alguna manera atienden a este tipo de generación donde las personas tienen una capacidad de atención más corta. Esto se debe a que, a través de las historias de Instagram, solo puedes publicar videos de 15 segundos de duración por vez.

Otra cosa es que esta función está disponible para dispositivos móviles. Por lo tanto, se puede publicar en cualquier momento y en cualquier lugar, haciéndolo accesible. Estas historias desaparecen cada 24 horas, por lo que no hay necesidad de preocuparse si no se ajusta a tu publicación.

Las empresas deberían aprovechar las historias de Instagram debido a los siguientes beneficios:

· A través de Instagram, pueden publicar tanto contenido como deseen

· Instagram ayudará a su negocio a hacer crecer tu audiencia

· Instagram permitirá a la empresa interactuar regularmente con su audiencia mediante la creación de encuestas, haciendo preguntas y permitiendo a los seguidores hacer preguntas y etiquetar a otras personas

· Instagram ayudará a dirigir el tráfico hacia los sitios web

En resumen

Instagram ha crecido enormemente a lo largo de los años y continúa ampliando sus horizontes. Es atractivo para todo tipo de personas, desde turistas, anunciantes, personas influyentes, marcas y muchos más.

Ha demostrado ser una poderosa herramienta de mercadeo para pequeñas y grandes empresas que desean aumentar su alcance y visibilidad.

Capítulo 5: Secretos para ayudarte a hacer crecer tu perfil y tu audiencia en Instagram

Una de las estrategias para hacer crecer tu pequeña empresa es aplicar a sitios de redes sociales (SNS). Estos sitios te ayudarán a conectarte con varias personas, no solo a nivel local sino también a nivel mundial. A diferencia de los medios tradicionales que no permiten la comunicación bidireccional, los sitios de redes sociales te permiten comprender los comentarios de la audiencia sobre la información que has compartido. La respuesta que recibes de tu audiencia ayuda a reforzar o mejorar el mensaje. Existen varios tipos de sitios de redes sociales. Ejemplos de tales sitios incluyen Facebook, WhatsApp, Twitter, Snapchat, Flickr e Instagram. Algunos sitios permiten que un usuario use textos e imágenes, mientras que otros permiten que los usuarios usen solamente imágenes. Ejemplos de sitios que utilizan texto e imágenes son Facebook, Twitter y WhatsApp. En caso de que seas fanático de las imágenes, puedes usar sitios como Instagram, Flickr y Pinterest. Este artículo tiene como objetivo explorar la importancia de Instagram y cómo puedes aplicarlo para hacer crecer tu perfil y también tu audiencia.

Instagram es un sitio de redes sociales que utiliza solo imágenes. El sitio permite a los usuarios subir fotos y videos que pueden editar usando las funciones disponibles. Hay diferentes razones por las que deberías usar Instagram. Estas razones incluyen:

- **Acceso a muchos usuarios**: a nivel mundial, Instagram tiene más de 800 millones de usuarios. Este es un número significativo y como persona con mentalidad empresarial, debes registrarte en esta plataforma para acceder a un público objetivo.

- **Simplificación de las redes**: el sitio tiene características que facilitan la conexión en red con diferentes personas dependiendo de su ubicación, hashtags e intereses.

Utilizando este sitio, puedes desarrollar una audiencia tanto en el ámbito local como internacional.

- **Alcance:** Instagram tiene la capacidad de permitirte llegar a una audiencia más amplia y activa que Facebook y Twitter. Esto significa que construir tu marca personal o comercial a través de Instagram es un paso crítico hacia el éxito o la expansión del negocio. Además, Instagram te permite interactuar con la audiencia al darles la oportunidad de comentar sobre tus productos o de crear nuevos hashtags.

- **Fácil de aplicar:** con Instagram, puedes comunicarte fácilmente con personas de todas partes del mundo al compartir fotos y videos desde donde quiera que te encuentres.

- **Las imágenes son un poderoso medio de comunicación:** a muchas personas les gustan las imágenes. Por lo tanto, debido a que Instagram está basado en imágenes, es una excelente manera de formar y atraer a un público objetivo. En un periodo corto, una foto se comunicará mucho mejor que un texto.

- **Conexiones:** Instagram te ofrece la oportunidad de conectarte con una gran cantidad de personas que tienen el mismo interés que el tuyo. La investigación ha demostrado que muchas personas participan activamente en esta plataforma, la mayor parte del tiempo, en comparación con otras plataformas como Facebook y Twitter. Por lo tanto, al usar este medio, es probable que te conectes socialmente con muchas personas tanto en el ámbito local como global.

- **Sentimiento empresarial:** es probable que se encuentren muchas más marcas tanto grandes como pequeñas, en Instagram que en otras plataformas, incluyendo Facebook y WhatsApp.

- **Atractivo visual**: las imágenes hablan mucho en poco tiempo. Muchas personas prefieren historias contadas a través de fotos que las ofrecidas en forma de texto. Esto se debe a que las fotos son más fáciles de leer que tener que pasar a través de un texto.

- **Adecuado para todas las empresas**: esta plataforma se adapta a todo tipo de empresas, ya sean grandes o pequeñas. En este sentido, tienes la oportunidad de promocionarte a través de este medio.

¿Cómo hacer crecer tu perfil en Instagram?

Una ventaja importante de Instagram es que este ofrece la oportunidad de expandir tu negocio a través de un público objetivo. El público objetivo es aquel que está interesado en los servicios o productos que ofreces. En caso de que quieras hacer crecer tu perfil a través de Instagram, existen diferentes estrategias que puedes aplicar. Éstos incluyen:

- **Perfil**: en su cuenta de Instagram, debes tener una biografía excepcional y una que capture la esencia de tu negocio. Asegúrate de que el registro de tu empresa sea sobresaliente y pueda atraer a una gran audiencia. Para asegurarte de que tu foto de perfil sea excepcional, asegúrate de aplicar tonos que capturen el estado de ánimo, el tono y la atmósfera de tu negocio.

- **Por qué estás aquí**: es esencial informar a tu audiencia por qué estás usando esta plataforma. En este sentido, tú estás intentando hacer que la audiencia se conecte con tu marca.

- **Importancia de una estrategia**: el objetivo de utilizar cualquier plataforma de redes sociales es hacer crecer tu negocio. Antes de comenzar a publicar imágenes en este sitio, es esencial tener un plan de negocios. Este plan debe indicar la etapa en la cual tu empresa comenzará a publicar fotos en este sitio y qué intención u objetivo te gustaría lograr.

- **Aplicación de hashtags**: cuando se usan hashtags, es esencial que salga la voz de tu empresa en lugar de permitir que sea tu voz. A través de los hashtags, se debe escuchara voz de tu marca. Cuando deseas tener éxito en el uso de hashtags, es esencial asegurarse de que sean relevantes y que se apliquen con moderación. Realizar algunas investigaciones de antecedentes es vital. Este tipo de estudio te permitirá generar los mejores hashtags y los que muchos de tus seguidores darán "Me gusta". Dos herramientas clave te ayudarán a seleccionar los hashtags relevantes. Estos incluyen los bots de Websta e Instagram. La conclusión es que tienes que asegurarte de que a tu audiencia le gusten los hashtags que usas.

- **Imágenes**: lo que te permitirá promocionar tu perfil a través de Instagram es el tipo de fotos que utilizas. En este sentido, es recomendable aplicar las funciones relevantes de Instagram para embellecer tus imágenes.

- **Ser diferente**: Para tener éxito en esta plataforma, siempre debes esforzarte por ser diferente a los demás. Debes asegurarse de utilizar estilos específicos que ayuden a identificar tu marca entre todos los demás. En este sentido, es aconsejable utilizar el mismo marco, filtros y otras técnicas asociadas.

- **Compartir el contenido de tus seguidores**: cuando compartes contenido que ha sido generado por tu audiencia, ellos se sienten muy bien. Puedes solicitar a tus seguidores estas imágenes para la reprogramación. Es esencial dar crédito al contenido de la audiencia antes de compartirlo para que no se vea como un contenido generado por ti o tu empresa. Cuando los seguidores ven sus fotos compartidas en tu cuenta de Instagram, es probable que etiqueten a sus amigos y, a través de este enfoque, aumentan tus seguidores.

- **Conocer acerca de tu público**: para tener éxito en la generación del mejor contenido, es esencial entender a tu audiencia. Muchos usuarios encontrados en Instagram son los jóvenes a los que les gusta el contenido moderno y atractivo. Es crucial llevar a cabo una investigación de antecedentes sobre ellos para permitirte a ti generar contenido con el que ellos se identifiquen. Por ejemplo, en caso de que vendas ropa de maternidad, tu público objetivo son las futuras madres. Usa la terminología correcta para referirte a ellas y que puedan conectarse contigo a nivel emocional. Por ejemplo, puedes dirigirte a ellas como las madres del mañana.

- **Contar historias conmovedoras**: a muchas personas les gustan las historias. A través del espacio que te dan para los subtítulos, puedes contar una historia sobre tu imagen. Hazle saber a tu audiencia cómo comenzó tu negocio y los desafíos que has enfrentado en el camino. Estas historias hacen que el público se identifique con tu marca. Por ejemplo, puedes publicar una imagen que capture una etapa en tu negocio cuando descubriste que avanzar era casi imposible porque no tenías los fondos requeridos. Pero debido a que tenías ideas, buscabas un patrocinio que te permitiera superar el desafío. Esta imagen le dirá a la gente que, a pesar de las dificultades y los desafíos, aún puedes superarlos y tener éxito en los negocios.

- **Tiempo**: el momento en que publicas tu imagen es esencial, ya que determina la cantidad de personas que la verán. Por ejemplo, considera subir tus fotos temprano en la mañana los días de semana y durante todo el día los fines de semana. En caso de que desees conocer el mejor momento para publicar tu contenido, es esencial utilizar las herramientas de Google Analytic.

- **Conexiones emocionales**: a las personas les gusta el contenido con el que pueden conectarse fácilmente a nivel emocional. En este sentido, debes aprender a personalizar tu contenido. Necesitas publicar material que muestre seres humanos, para permitir que la audiencia se conecte contigo a nivel emocional. Tener una audiencia que se conecte contigo a un nivel emocional también logrará que la misma audiencia se conecte con su negocio de manera similar.

- **Responder a los comentarios**: es esencial que tus seguidores se involucren asegurándote de responder a sus comentarios. A muchas personas les encanta cuando respondes a sus comentarios. Muestra que aprecias su tiempo al dedicar algo de tu tiempo para responder a lo que están diciendo.

- **Ser firme**: a los seres humanos no les gustan los vacíos. En este sentido, es vital asegurarse de que eres coherente con tus publicaciones en Instagram. Debes evitar tomarte demasiado tiempo entre las publicaciones de contenido. Se espera que lo hagas a diario.

- **Sé divertido**: es esencial evitar publicar contenido aburrido. Debes tener sentido del humor y hacer reír a la audiencia con lo que publicas. Evita publicar contenido académico en Instagram, ya que a muchas personas no les gusta. Te vuelves más atractivo cuando publicas material divertido y muchos lo compartirán. Solo imagina cómo será tu día encontrando una historia divertida en la mañana. Probablemente sonreirás durante todo el día. En caso de que desees que tu marca sea memorable, siempre comparte contenido divertido con tu audiencia.

- **Uso de otras plataformas**: puedes tener más seguidores de Instagram cuando promocionas tu contenido de Instagram en otros sitios de redes sociales como Facebook y Twitter.

Las personas que encuentren este contenido irán a tu página de Instagram, donde encontrarán más contenido.

- **Asociaciones estratégicas**: puedes obtener más seguidores en Instagram al colaborar con marcas con las que tienes muchas cosas en común. Estas marcas te ayudarán a encontrar audiencias más activas, lo que te permitirá llevar tu negocio a otro nivel. Por ejemplo, una marca de telecomunicaciones puedes asociarse con un banco para obtener más seguidores en Instagram.

- **Asociaciones con influencers**: los influyentes en tu industria pueden actuar como embajadores de la marca que difundirán la palabra sobre tu negocio y te permitirán tener más seguidores en tu Instagram. Es importante desarrollar asociaciones con ellos.

- **Concurso fotográfico**: puedes realizar concursos fotográficos en los que solicitas a los participantes que capturen sus mejores imágenes y las publiquen en tu página de Instagram. A través de estos concursos, debes pedirles a los participantes que etiqueten a sus amigos. Si le informas a los participantes que la mejor imagen recibirá un premio, es probable que le digan a más personas que empiecen a seguirte. Desde esa perspectiva, tú aumentarás tu audiencia.

- **Optimización de su perfil**: para asegurarte de que tu perfil esté altamente optimizado, asegúrate de utilizar un manejador de Instagram con letras pequeñas precisas. Además, aplica una imagen relacionada, usa las palabras clave correctas y escribe la mejor biografía.

- **Etiquetado de personas**: una forma de aumentar el número de seguidores a través de Instagram es mediante el etiquetado de personas. Los etiquetados estarán emocionados y comenzarán a seguirte.

- **Conocimiento sobre sus competidores**: es esencial comprender a tus competidores para poder atraer al público de ellos. Debes realizar una investigación de antecedentes sobre tus rivales para comprenderlos.

- **Anime a los seguidores a actuar**: puedes publicar una foto emocionante y pedirles a los seguidores que te regalen un "Me gusta" y etiquetar a un amigo. Al alentar a tus seguidores a actuar, es probable que aumente tu audiencia.

- **Creación de un tema para tu contenido**: es esencial tener un concepto para tus imágenes. Por ejemplo, si eres un fotógrafo de bodas, puedes usar términos como encantador, hermoso, etc.

- **Dale "Me gusta" al contenido de otras personas y síguelos**: es probable que las personas agradezcan y correspondan tu gesto. Cuando te gusta su contenido, haz un comentario útil y comienza a seguirlos, también comenzarán a hacerlo por su lado. No puedes esperar que la gente empiece a seguirte si tú no los apoyas.

- **Fotos detrás de escena**: en aquellas industrias donde las personas no entienden lo que sucede detrás de escena, ocasionalmente puedes compartir fotos sobre cómo operas detrás de escena. Este tipo de contenido atraerá a muchos seguidores.

Capítulo 6: Consejos para sacar el máximo provecho de cualquier perfil de Instagram

Las innovaciones de nuevas aplicaciones están sucediendo hoy en día a diario. Las aplicaciones de redes sociales son las más buscadas en todo el mundo. Instagram es una de las aplicaciones más descargadas, ya que es gratuita y permite a sus usuarios compartir videos y fotos capturadas. Facebook la adquirió, otra aplicación popular de redes sociales, apenas dos años después de su creación. Las entidades corporativas y las pequeñas y medianas empresas han ingresado a Instagram para hacer crecer sus bases de mercado.

Las aplicaciones sociales necesitan actualizarse a menudo para mantenerse en la cima del juego, y es por eso que Instagram presenta nuevas funciones regularmente. La popularidad es un factor a considerar para seguir siendo relevante. Las numerosas características introducidas en la aplicación pueden crear algunas dificultades para algunos que quieran usarla. A continuación se presentan algunos de los consejos generados para ayudar a las personas a aprovechar al máximo los perfiles de Instagram y a impulsar una marca.

1. **Consistencia en la carga de historias y publicaciones**

La función de historia de Instagram puedes permitir a los usuarios de la aplicación reunir historias en su perfil compartiendo fotos o videos que hayan sido tomados. La historia se hace más atractiva al agregarle efectos, melodías e incluso textos. La singularidad de la historia de Instagram es la duración de la visibilidad. La historia cargada desaparece automáticamente después de 24 horas de su tiempo de carga. Sin embargo, la publicación regular de Instagram permanecerá visible y, por lo tanto al crear una marca, uno debe cargar continuamente en las historias de Instagram , en el mejor de los casos, una vez al día. Esta práctica le permitirá a uno mantener su relevancia.

La publicación regular de Instagram debe hacerse todos los días. No publicar durante días no le hace justicia a la marca que intentas crear. La ideología "fuera de la vista, fuera de la mente" se aplica en este escenario. Se trata de crear una rutina y apegarse a ella.

La característica de Historias de Instagram tiene numerosas ventajas para las personas influyentes y organizaciones que la explotan. Los siguientes son algunos de los aspectos positivos de la función:

Se puede utilizar para capturar proyectos "detrás del escenario" que son llevados a cabo por marcas o personas influyentes, ya que no requiere la atención a los detalles que se requiere en las cargas regulares de Instagram.

Tiene varias características que lo hacen más divertido de usar, como sonidos y efectos de filtro.

Las historias de Instagram son exhibidas en la parte superior de la línea de tiempo de los seguidores y, por lo tanto, es lo primero que se ve cuando se abre la aplicación.

Las historias se muestran de manera resaltada en la parte superior de las líneas de tiempo de los seguidores justo debajo del logotipo de Instagram.

La característica como sus límites y su disponibilidad está restringida a las aplicaciones móviles. El elemento de la historia de Instagram se puede enviar a un seguidor como un mensaje directamente a su aplicación en la bandeja de entrada.

2. **Crea una marca que esté asociada con la positividad.**

Las únicas personas en Instagram que tienen una base de fans preparada son las celebridades, mientras que otras comienzan desde abajo. Las personas y las empresas deben seguir hashtags que muestren sus visiones y objetivos con los que desean que sus clientes asocien su marca. Por ejemplo, un fanático del fútbol puede seguir, dar "Me gusta" y comentar fotos o hashtags que sean relevantes para el deporte. ¿Crear una tienda de zapatillas? Sigue y discute la colección de zapatillas de los usuarios y los consejos de la moda. A través de este compromiso, un usuario puede pasar de ser un seguidor a un cliente. No dejes que las personas te vean como desesperado por atención. Esto solo los alejará.

3. **Cómo usar la función deslizar hacia arriba en la aplicación**

Esta es una de las características con mejor receptividad al usar Instagram como herramienta de mercadeo. Permite a los seguidores "deslizar hacia arriba". Las marcas de las organizaciones y las personas influyentes en las redes sociales que tienen miles de seguidores pueden usar la función para su ventaja. Implica agregar un enlace a un sitio web. El enlace directo creado será visible automáticamente para cualquier persona que deslice hacia arriba. A través de esto, los visitantes son dirigidos a páginas web de marcas que generan tráfico. Las marcas y las personas influyentes pueden comercializar sus productos y contenido.

4. **Promover la creatividad mientras se comercializan los contenidos y el trabajo realizado.**

Las marcas deben promover los resultados de su capacidad de ofrecer productos y no el producto que están haciendo. Es vital agregar valor a los seguidores y clientes potenciales mientras se mantiene una imagen perfecta. Crear una marca que esté asociada con cosas buenas, de alta calidad, agrega valor a la organización. El contenido vital y visual también es una perspectiva positiva.

Si las operaciones comerciales están en el sector de la hostelería, se debe poner énfasis en las prácticas llevadas a cabo detrás de escena de la hostelería. Los objetivos, la misión y las visiones de la organización se pueden llevar al mundo creando videos de empleados que demuestren la cultura de la organización.

5. **Ir con seguidores detrás de escena**

Los estudios han demostrado que los clientes y seguidores tienen un alto nivel de interés asociado con saber cómo se crearon los elementos que usan y el proceso involucrado. Con la aplicación de Instagram, se puede mostrar a los clientes y seguidores de la compañía lo que ellos requieren. Los seguidores sentirán que son apreciados y son parte de la empresa cuando se emplean tales tácticas. Las fotos de las reuniones y cómo los empleados están haciendo una lluvia de ideas se pueden subir e involucrar a los seguidores en la sección de comentarios. Cuando se cargan diferentes imágenes con diferentes subtítulos, es probable que alguno llame la atención de los seguidores y, por lo tanto, genere tráfico. No es necesario eliminar fotos o videos que no recibieron atención, ya que pueden archivarse.

6. **Usando hashtags para crecer en el número de seguidores y base de mercado**

Los hashtags se pueden usar para desarrollar la marca y poder llegar a muchas personas. Las motivaciones para tales hashtags pueden ser diferentes, como anunciar un producto lanzado, campañas para artículos existentes y también campañas para un curso. Los hashtags deben ser realistas y mostrar las actividades cotidianas de un individuo común. El nombre del curso se puede usar como un hashtag o el nombre de la empresa. Permite a las personas llegar a tu plataforma rápidamente cuando intentan encontrar productos asociados con la marca y la cuenta.

En general, se recomienda que se usen entre cuatro y seis hashtags en el sector de subtítulos aunque el límite sea 30 bajo una carga. Los hashtags de tendencia también se pueden usar para llegar a un público más amplio, como #mcm, #tbt y #wcw, que son algunos de los hashtags más populares visitados.

7. **Reunirse en forma de colaboraciones y etiquetar a otros.**

La plataforma creada por la aplicación de Instagram es tan grande que se usa para mostrar diferentes asociaciones realizadas por marcas y personas influyentes. El éxito, las contribuciones y las historias filantrópicas se pueden compartir en todo el mundo. Cuando las empresas se asocian para retribuir a la sociedad, se puede resaltar. Etiquetar cuentas que están asociadas con tales actos también es una ventaja ya que a través de eso, también aprovechas tu amplia audiencia, haciéndote notar.

Las marcas y personas influyentes también usan otros medios para ayudar a aumentar su audiencia mediante el uso de "gritos". La práctica permite que cada cuenta aproveche la audiencia del otro, por lo tanto, tienen un impacto positivo. A saber, hay dos maneras de hacer "Shout out" en Instagram (este es un tipo de mención que se hace en una publicación para que tus seguidores conozcan el perfil mencionado): pagados y no pagados. El reconocimiento no remunerado implica diferentes cuentas con el mismo número de seguidores, por lo que esta acción los beneficia a ambos. El "Shout out" pagado incluye una cuenta con una audiencia mucho más grande que la otra. La cuenta más importante está financiada por la otra marca para promocionar los productos o servicios ofrecidos e incluso ganar seguidores en el evento.

8. **Crear una sensación de suspenso y singularidad.**

El arte de hacer que tus seguidores y clientes quieran más de tu marca es una herramienta positiva. Crea un entorno en el que los seguidores estén siempre ansiosos por las publicaciones. Cuando la compañía está lanzando nuevos productos o servicios, hace que los clientes sean los primeros en saber a través de las redes sociales. Crea historias cortas de Instagram que les hagan querer más información sobre la historia. Recompensar a los seguidores de vez en cuando a través de campañas es la mejor manera de hacer que las personas que te sigan tengan una impresión de superioridad con respecto a los demás.

9. **Hacer uso de los diversos formatos de video disponibles en Instagram**

Como dice el refrán, una imagen vale más que mil palabras, pero otras personas creen que los videos de la sociedad moderna valen aún más. Esta aplicación de redes sociales tiene diferentes formatos de video que pueden ser utilizados por los usuarios de Instagram para hacer publicidad. Por ejemplo, las historias de Instagram se pueden usar para transmitir eventos y reuniones en vivo, así como también versiones grabadas. Además tiene la opción de mezclar videos con un formato de tiempo en videos individuales de un minuto de duración. Las historias de Instagram soportan el formato de video vertical de pantalla completa. Las fotos y los videos se pueden combinar en uno para producir un anuncio muy cautivador.

10. **Usar subtítulos y closed captions**

La mayoría de las personas prefieren el video al audio y es por eso que los usuarios de Instagram generalmente silencian el sonido mientras observan el video. Por estas razones particulares, las marcas pueden emplear el uso de subtítulos para transmitir el mensaje deseado. Estudios realizados muestran que un video que tiene un subtítulo tiene un 13% más de audiencia que un video sin subtítulos. Los videos que tienen subtítulos también tienen una mayor posibilidad de ser vistos en comparación con uno que solo tiene audio.

11. **Use la función GIF**

Se ha observado que las personas tienden a mirar hasta el final de los videos más cortos, de 20 segundos o menos. Aquí es donde las marcas pueden utilizar la función GIF para su beneficio. La mayoría de las personas encuentran los GIF más atractivos que las imágenes. Hay dos formatos de GIF, a saber, PNG y JPEG. Esta característica es más atractiva porque es menos costosa y tampoco consume mucho tiempo en comparación con los videos.

Con esta idea en mente, los desarrolladores de Instagram presentaron el Boomerang. El Boomerang implica grabar una secuencia continua, unirla y luego transmitir repetidamente videos cortos enlazados.

12. **Perfil Bio Creatividad**

La biografía de Instagram es donde las personas pueden venderse, tanto a su marca como a ellos mismos, mostrando su trabajo y detalles sobre ellos. También se puede aprovechar la oportunidad para agregarle más detalles al comentar sobre los pasatiempos y entretenimiento en sus vidas. Todo es por diversión o entretenimiento, y mucha seriedad no es suficiente para los seguidores.

Algunas de las mejores formas de mostrar la creatividad en la biografía de individuos de Instagram es a través de;

· Emplear el uso de Emoji en el espaciado de texto.

Esta es la técnica más utilizada para espaciar textos en una biografía. Al integrar el uso de Emoji, es capaz de resaltar el colorido en una biografía aburrida y también la parte divertida. La creación de Emoji ha hecho que las aplicaciones sociales sean más atractivas para que el impacto de la mensajería también pueda reflejarse fácilmente. Los emojis pueden mostrar la personalidad, el factor diversión, el país y el estado mental de uno.

- Usando diferentes fuentes en la biografía

La popularidad de esta técnica ha disminuido con el tiempo, aunque solía ser la mejor manera de tener biografías únicas y diferentes de otras personas. Hay aplicaciones de terceros que pueden usarse para ayudar a generar una fuente espectacular para las biografías de Instagram.

- Saltos de línea

Crear saltos de línea en una biografía puede ser útil al aportar un poco de formalidad. Crea una sensación de autenticidad en una biografía que te permite destacarte en el perfil. La función de salto de línea solo es visible en aplicaciones móviles.

- Tener un "llamado a la acción" en la biografía Instagram de una marca

Tener un llamado a la acción es vital para la marca que uno quiere crear. Tus seguidores pueden distinguir tu marca de los demás al conocer tu llamado a la acción, especialmente en un escenario. Esto es atractivo. Las frases pegadizas pueden mejorar significativamente el compromiso de los seguidores con la marca.

- Indicar ubicación y horario de trabajo

Conocer la ubicación de la empresa puede ayudar a los clientes potenciales a llegar rápidamente. Las horas de trabajo también dan a las personas más información sobre la organización. La información que se muestra en la biografía puede ser utilizada por los clientes y también llegar a un público más amplio.

- Crear un enlace en tu biografía de Instagram a tu sitio web

Cuando el tráfico en tu cuenta de Instagram es alto, puedes usar esto para tu ventaja. En la biografía se puede colocar un enlace al sitio web. El enlace puede hacerse más atractivo ofreciendo recompensas y promociones a los seguidores que decidan visitar el sitio. El tráfico de Instagram también genera tráfico de sitios web, lo que lo hace más beneficioso para las personas influyentes y las marcas.

Capítulo 7: Uso de publicidad paga en Instagram para aumentar tu alcance

En este capítulo, aprenderá acerca de la publicidad paga en Instagram, su costo y las diversas formas en que se puede hacer. También aprenderá sobre publicidad a través de historias de Instagram y por qué es útil. ¡Sigue leyendo para descubrirlo!

¿Cuánto cuestan los anuncios de Instagram?

El costo promedio por clic para los anuncios de Instagram es de alrededor de $ 0.70 a $ 0.80. Sin embargo, el costo de tu anuncio específico dependerá de tu presupuesto, porque no todos los anuncios son iguales. El costo estimado proviene de un análisis realizado sobre más de $ 300 millones gastados en anuncios en un período determinado.

Debes tener en cuenta que la cifra estimada es solo el costo promedio por clic, tus anuncios pueden costar menos o más, dependiendo de varios factores. Varios anunciantes de Instagram consideran que los anuncios tienen una participación muy alta, pero esto tiene un costo. Keith Baumwald, el fundador de Leverage Consulting, dice que los anuncios de Instagram son un poco más costosos en comparación con los de Facebook, pero vale la pena dado el hecho de que su tasa de conversación es muy alta. Los anuncios de Instagram brindan a los anunciantes la oportunidad de controlar cómo se asignan los presupuestos. Por ejemplo, puedes elegir cuánto puedes gastar en un solo día estableciendo límites diarios. También puedes establecer el monto total a pagar durante un período determinado hasta que se agote el presupuesto.

Algunas de las otras formas en que puedes controlar el presupuesto incluyen la configuración de una programación de anuncios incluyen especificar ciertas horas del día en que prefieres que se publiquen tus anuncios. También puedes establecer tu método de publicación de anuncios, así como establecer el monto máximo a pagar.

Por qué la publicidad en Instagram es buena para tu negocio

Mucha gente está usando Instagram. Una encuesta reciente mostró que hay más de mil millones de usuarios de Instagram. Con un número tan alto de usuarios, no hay límites para lo que tu empresa puede lograr a través de anuncios.

Cualquier empresa puede prosperar en Instagram independientemente del tamaño. Las estrategias publicitarias correctas siempre cumplirán las necesidades de tu negocio. La publicidad de Instagram también puede permitirte ganar dinero directamente. Instagram tiene un mayor énfasis en generar altos ingresos a través de la colocación de productos. Recientemente lanzaron una plataforma llamada Shoppable Posts que permite a las empresas agregar enlaces a sus anuncios de publicaciones que incluyen el precio, el botón "Comprar ahora" y la descripción del producto, lo que a menudo influye en los usuarios para comprar el producto.

Cómo anunciarse en Instagram

Para los principiantes, la publicidad en Instagram puede parecer muy complicada, pero si ya se ha anunciado en Facebook, no hay mucho que aprender. Los anuncios de Instagram se pueden configurar a través del Administrador de anuncios de Facebook. Si nunca antes has anunciado en Facebook, no te preocupes, a continuación te llevaré a través del proceso.

En este artículo, me enfocaré en crear anuncios a través del Administrador de anuncios de Facebook, que es el método más popular, gracias a su facilidad de uso y la capacidad de personalizar tus anuncios. ¡Sigue los pasos a continuación para crear tu anuncio de Instagram!

1. Ve al Administrador de anuncios de Facebook

El primer paso es ir al Administrador de anuncios en Facebook. Puedes hacerlo simplemente siguiendo un enlace, suponiendo que hayas iniciado sesión en la cuenta de Facebook correspondiente.

Es posible que te preguntes, ¿por qué usar el Administrador de anuncios de Facebook, pero quieres tu anuncio en Instagram? La razón es que no hay un administrador de anuncios específico para Instagram; Todos los anuncios de Instagram se gestionan a través de la interfaz de usuario de Facebook Ads.

2. **Establece tu objetivo de mercadeo.**

Este es uno de los pasos más importantes al hacer un anuncio de Instagram. Es la razón principal por la que has decidido patrocinar tu anuncio; ¿Necesitas más tráfico del sitio web? ¿Estás buscando aumentar el conocimiento sobre el producto? Tienes la libertad de establecer el objetivo de tu anuncio. Echemos un vistazo a cada uno de los posibles propósitos y lo que significa.

· **Conocimiento de la marca:** este es el objetivo más estándar que mostrará tus anuncios a clientes potenciales que puedan estar interesados en tu producto o servicio. Este objetivo, sin duda, expondrá tu marca a personas importantes.

· **Alcance:** este es el número de personas a las que llega tu publicación; Es un número mayor que las personas que ven tus anuncios en tu página principal. Lo mejor de este objetivo es que aprovecha la función de prueba dividida de Facebook, que te permite dividir tu prueba de anuncios en dos y descubrir cuál genera más conversación.

· **Trafico:** si estás buscando atraer más lectores a tu sitio web o más personas a la tienda de aplicaciones para que puedan descargar tu aplicación, este es el objetivo por el que debes optar. Por lo tanto, puedes elegir uno de los dos y darle la bienvenida a un tráfico mayor.

· **Compromiso:** si deseas más "Me gusta", comentarios compartidos y compromiso general, debes ir por el objetivo referente al compromiso. Sin embargo, debes tener en cuenta que solo puedes pagar el "compromiso de publicación" en Instagram.

Facebook permitirá tanto el "compromiso de la página" como las "respuestas a eventos", una opción actualmente no disponible para Instagram

· **Instalaciones de aplicaciones:** este es el objetivo por el que debes optar si tu objetivo es aumentar las descargas de tu aplicación desde la tienda de aplicaciones. Sin embargo, tendrás que elegir tu aplicación de la tienda de aplicaciones durante la configuración.

· **Vistas de video:** Este objetivo es muy sencillo y no necesita una configuración adicional.

· **Lead Generation:** si necesitas más clientes potenciales, este es el objetivo que debes perseguir. Ten en cuenta que los anuncios de generación de clientes potenciales no proporcionan los mismos campos pre completados que los de Facebook. Instagram admite números de teléfono, correo electrónico, nombre completo y género.

· **Conversiones:** este objetivo te permite impulsar a tus clientes potenciales a tomar medidas y realizar conversiones en tu sitio web o tu aplicación. Debes configurar una aplicación o un píxel de Facebook basado en el sitio que deseas promocionar. Esto te permite realizar un seguimiento a tus conversiones.

3. Configura tu público objetivo.

Después de seleccionar tu objetivo, debes encontrar un público objetivo apropiado para tu anuncio. Esto es fácil de hacer porque usarás la profundidad demográfica de Facebook para llegar a las personas adecuadas. A continuación se presentan algunos de los aspectos que debes considerar al configurar tu audiencia.

· **Ubicación:** te permite apuntar a un país, estado, región, ciudad, código postal, excluir o incluir lugares específicos, entre otras consideraciones.

· **Edad:** te permite orientar las edades específicas de personas de 13 a 65 años o más

· **Género:** algunos productos y servicios solamente están destinados a un solo género; esto te permitirá especificar eso.

· **Idioma:** es útil cuando deseas centrarte solamente en personas que hablan un idioma específico. Facebook, sin embargo, recomienda dejar de lado esta opción.

· **Intereses:** Esto generalmente se encuentra bajo una selección de objetivos detallada. Está destinado a llegar a las personas interesadas en ciertos productos y actividades. Por ejemplo, si tu anuncio habla de bebidas, ¡su objetivo debe ser la gente interesada en bebidas y refrescos!

4. Elije tus ubicaciones

Después de dirigirte a tu audiencia, es hora de que aprendas a elegir tus ubicaciones. Este es el paso en el que decidirás dónde deseas que aparezcan tus anuncios, en Facebook o Instagram. Si ignoras este paso, tus anuncios aparecerán en ambas plataformas. Esto no es necesariamente algo malo, pero si tu anuncio fue específicamente destinado a Instagram, debes seleccionar la opción "Editar ubicaciones".

5. Establece tu presupuesto y programación de anuncios.

Este es el paso donde entra en juego tu poder financiero. ¿Cuánto quieres gastar en los anuncios? ¿Para qué quieres que se ejecuten los anuncios? Puedes controlar tus gastos haciendo pausas o deteniendo la campaña cada vez que sientas que tu presupuesto no se está asignando correctamente.

Puedes ejecutar la programación de anuncios para orientar horarios y días específicos de la semana, especialmente aquellos momentos en los que sientas que la mayoría de los usuarios están activos en la plataforma.

6. Crear tu anuncio de Instagram.

Después de aprender todos los pasos necesarios, ¡es hora de crear tu anuncio de Instagram! En este momento, ya tienes una idea en mente para el anuncio que deseas promocionar. Para aclarar algunas de las cosas que pueden resultar confusas, ¡analicemos los distintos tipos de anuncios!

Tipos de anuncios de Instagram

Instagram ofrece varios formatos de anuncios, desde anuncios de historias hasta carrusel. Cada uno de estos formatos de anuncios se coloca en el feed y las historias del usuario de una manera cautivadora. Miremos cada uno de estos formatos de anuncios y veamos cómo funcionan.

1. **Anuncios de historias de Instagram.**

Estas son transmisiones de fotos y videos auto destructibles de 25 horas muy similares a las historias de Snapchat. Instagram Stories Ads permite insertar un anuncio entre las historias del usuario. Se ajusta al formato de una historia de Instagram manteniendo la experiencia del usuario de manera ininterrumpida y consistente.

Este tipo de anuncios puede estar compuesto por una sola foto o video de hasta 15 segundos. Para una conversión máxima, usa medios de alta calidad, ya sea que optes por un video o una imagen. Los anuncios fotográficos duran solo 5 segundos, mientras que los anuncios de video duran hasta 15 segundos. Una vez visto, los usuarios no pueden volver a él como una historia normal, lo que significa que solo se puede ver una vez.

2. **Anuncios fotográficos**

Los anuncios fotográficos te permiten exhibir productos y servicios a través de imágenes atractivas. Debes usar imágenes que vendan tu producto o servicio sin acompañarlo con palabras. Es recomendable utilizar imágenes en color, ya que las imágenes simples no generarán una tasa de conversión razonable.

3. **Anuncios de video**

La investigación muestra que en 2018, los usuarios de Instagram pasaron significativamente más tiempo viendo videos en comparación con el año anterior. Las empresas pueden aprovechar este mercado y agrupar sus anuncios en forma de videos. Sin embargo, deberías ser muy específico con su audiencia objetivo ya que algunos usuarios no se molestarán en ver tu video, especialmente si no pueden relacionarse con tu producto o servicio.

4. **Anuncios de carrusel**

Este tipo de anuncios permite a los usuarios de Instagram deslizarse a través de una serie de videos o imágenes con un botón de llamada para conectarse directamente contigo. Este tipo de publicidad es perfecta para las marcas que desean mostrar la versatilidad de sus productos.

5. Anuncios de colección

Se introdujo a principios de 2018. Estos anuncios combinan el poder de los videos, las fotos y el mercadeo de respuesta directa en un gran anuncio.

Los anuncios de colección se han utilizado principalmente en situaciones en las que se necesitan videos y fotos. Son instrumentales y se sabe que producen conversaciones altas. El costo se basa en la cantidad de clics en tu publicación y la cantidad total de veces que tus videos han sido vistos.

Capítulo 8: Formas increíbles de ganar dinero en Instagram

En esta era de las redes sociales, las oportunidades para crear un flujo adicional de ingresos son ilimitadas. Tenemos bloggers, influencers y YouTubers que ya están sacando provecho de sus hazañas en las redes sociales. Afortunadamente, las redes sociales son un campo de juego sin muchas restricciones. Todo lo que necesitas para sobresalir en las redes sociales es tener un gran contenido.

La gente prefiere estar en diferentes plataformas de redes sociales. La elección depende de sus gustos y preferencias. Instagram es una de las plataformas que tiene un número significativo de usuarios activos. Si has pensado en ganar dinero en las redes sociales, hay muchas oportunidades en Instagram.

En este artículo, te mostraremos cómo puedes monetizar tu cuenta de Instagram. Al final, habrás adquirido suficiente conocimiento para comenzar a obtener ingresos en Instagram.

¿Cuántos seguidores deberías tener para ganar dinero en Instagram?

Algunos de los usuarios populares de Instagrams tienen miles de seguidores. Si bien sería genial tener tales cantidades de seguidores, no es necesario para comenzar a ganar dinero. Por lo tanto, no necesitas tener un número asombrosa de seguidores para monetizar tu cuenta de Instagram.

Como sabrás, hay muchos seguidores falsos en Instagram. Lo que necesitas son seguidores que se involucren y con un alto grado de compromiso. Si ya los tienes, solo debe pensar en maneras de ganar dinero en Instagram. Afortunadamente, no tienes que buscar más, ya que estás en el lugar correcto.

El contenido de calidad es un requisito previo para obtener ingresos en Instagram. Dicho esto, es imprescindible que cargues contenido de primer nivel en tu página de Instagram. Usa videos e imágenes claros. También te ayudará mucho si tu contenido habla el mismo idioma, ya que esto creará una identidad de marca muy necesaria. No puedes ser el soporte de todos los intercambios en Instagram. Por ejemplo, si combinas contenido de moda, viajes y ejercicio, es probable que confundas a su audiencia.

Formas de ganar dinero en Instagram

1. Mercadeo de afiliados

El mercadeo de afiliación gira en torno a la promoción de productos, en tu cuenta, para una marca seleccionada. Y cada vez que tus esfuerzos conducen a una venta, obtienes cierto porcentaje de las ganancias. Esta es una práctica popular entre los bloggers. Pero también funciona bien en las redes sociales.

Entonces, ¿cómo puedes comenzar tu campaña de mercadeo de afiliación en Instagram?

El primer paso es encontrar una marca que pueda usar tus servicios. Esto dependerá de qué se trate tu página de Instagram. Por ejemplo, si tu interés es la moda, puedes trabajar con una tienda de moda que necesite promocionar varios productos.

Lo que sigue es tomar fotos de calidad de los productos que deseas promocionar. Carga las imágenes en tu Instagram, incluido el enlace del afiliado proporcionado por la marca. Imágenes que sean irresistibles son fundamentales para impulsar las ventas. Nunca debes comprometer eso. Hazlo bien y te pagarán.

Recuerda, un enlace del afiliado debe aparecer en cada imagen de los productos que pretendes promocionar. La URL puede incluirse en tu biografía o en los subtítulos. Los enlaces largos de los afiliados no son los mejores. Es prudente mantenerlos lo más cortos posible. Use Bit.ly para acortar tus enlaces y hacerlos atractivos.

¿Cómo elegir las oportunidades adecuadas de mercadeo de afiliación?

Como señalamos anteriormente, numerosas compañías ofrecen oportunidades de mercadeo de afiliación. Tienes que elegir la marca con la que quieres trabajar estratégicamente. Busca una empresa que corresponda a tu nicho. Sin duda, tendrás una mejor oportunidad de tener éxito con dicha marca. Además, se entenderán mutuamente y avanzarán fácilmente en sus negociaciones.

Por ejemplo, si tu audiencia te sigue porque tú les da consejos sobre el estado físico, trabaja con compañías que venden productos de ejercicio. El objetivo es promocionar productos que sean importantes para el contenido que atrae a tu audiencia en Instagram.

Además, hay mercados de afiliados que pueden ayudarte a comenzar. Estos incluyen ClickBank, MaxBounty, ShareAsale, etc.

2. Crear publicaciones patrocinadas

Probablemente hayas oído hablar de personas influyentes en las redes sociales. Se trata de personas que han creado un seguimiento masivo en las redes sociales al publicar contenido que impulsa el compromiso. Su audiencia ve a estas personas como creadores de tendencias o expertos acreditados en nichos particulares. Son una autoridad y, cuando respaldan un producto, los consumidores estarán convencidos de que ese producto es el mejor del mercado.

Desde el surgimiento de los influencers, las marcas han encontrado que, asociarse con ellos, es tremendamente lucrativo. Esto sucede a través de publicaciones patrocinadas que ayudan a promocionar sus productos.

Puedes pensar que tales empresas solamente están interesadas en el tamaño de tu audiencia. Sin embargo, eso está lejos de la verdad. El nivel de compromiso con tu audiencia significa mucho para ellos. Una audiencia muy unida que muestre un inmenso interés en tu contenido es lo deseable. Además de eso, ese público es bueno para los negocios. Si tiene 1000 seguidores que muestran un gran interés en tu página, existe la posibilidad de monetizar tu cuenta.

¿Cuánto me deberían pagar por las publicaciones patrocinadas?

Cuando decidas cuánto deseas que te paguen por publicación, es importante tener en cuenta que tendrás que crear el contenido. Esto podría ser videos, imágenes o textos. La marca para la que estás publicando también puede estar interesada en usar tu contenido en otro lugar, como en su sitio web. Ofrecerás un paquete publicitario completo.

Puedes cobrar por publicación individual o por toda la campaña. Además, puedes optar por recibir un pago con un producto gratuito o una tarifa. Todo depende de cómo negocies con tu cliente. A veces puedes cobrar una tarifa y también obtener un producto gratis. Si utilizas tus productos y tu calidad es satisfactoria, entonces no deberías tener problemas para llevarlo al mercado.

Aunque parezca simple, sin duda ofrecerás un gran valor a tu cliente. Tendrán acceso a una audiencia que tú has creado a través de tus esfuerzos. También renunciarás a los derechos de tu cuenta durante un período determinado. Merece ser bien recompensado por lo que estás aportando a la negociación.

Si juegas tus cartas correctamente, puedes cobrar de $ 150 a $ 400 por publicación. Si has cambiado a una cuenta comercial, esto puede ayudarte a negociar una tarifa más alta.

¿Cómo encontrar marcas para asociarnos?

Para una persona influyente de buena reputación, probablemente no sea muy difícil conseguir clientes. Ellos los encontrarán. Sin embargo, no puedes confiar en que te encuentren. Necesitas ubicarte ahí afuera. Otras formas de encontrar marcas para trabajar incluyen listarte en los mercados de influencers. Además, puedes lanzar directamente algunas de las marcas que te interesan.

Algunos de los lugares para inscribir tu cuenta como influencer incluyen Grapevine y Fohr Card. Es imprescindible que notifiques a tu público en lo que respecta a las publicaciones patrocinadas. Esto ayuda a mantener la confianza y la integridad que has construido con el tiempo.

3. Venta de fotos

Instagram es una gran plataforma para exhibir imágenes digitales y fotografías. Esto se hace cada vez mejor si tienes imágenes de alta calidad, ya que puedes venderlas.

Como sabes, hay muchas fotos publicadas en Instagram a diario. Cualquier persona que tenga un teléfono inteligente puedes tomar fotos de lo que quiera y publicarla. Esto significa que si vas a promocionar y vender fotos en Instagram, deben ser especiales. Debes espera una competencia muy dura. Lo que sea que pongas allí, asegúrate de que sea lo mejor.

No importa si eres un fotógrafo profesional o no. Lo único que debes hacer es ofrecer imágenes exquisitas y únicas. Hay muchas formas de lograr esto. Por ejemplo, si te encanta viajar a destinos de renombre mundial, puedes tomar fotos distintivas y exhibirlas en tu página de Instagram. Esto puede incluir imágenes de una especie de vida silvestre que no se encuentran en tu continente.

Elige un nicho como viajar. Toma fotos que interesen a tu audiencia. Las imágenes son universales. Esto significa que tienes mucho con qué trabajar en varias industrias.

¿Cómo llegar a los clientes?

Instagram hace que sea fácil llegar a los clientes. Puedes crear una cartera de imágenes en tu página para mostrar tu destreza fotográfica. Asegúrate de cargar imágenes de alta calidad.

Cuando hayas creado una excelente cartera, puede enviar mensajes directamente a tus clientes potenciales. Además, puedes dirigir cualquier consulta a tu página de Instagram. Esto podría ser tráfico de tu sitio web o blog si tienes uno.

Para llevarlo a un nivel superior, convierte tu cuenta de Instagram en una cuenta comercial. Esto te permitirá agregar tus datos de contacto a tu cuenta. Las personas no tienen todo el tiempo para encontrar lo que quieren. Haz que sea fácil contactarte.

Si decides vender tus imágenes en forma de impresión en tiendas en línea, Instagram puede ser útil para promocionar tus imágenes.

Para dar más exposición a tu trabajo, puedes inscribirte en algunos de los mercados más populares. Estos incluyen Foap, Snapwire y Twenty20. Procede a promocionar tu contenido desde estos mercados en Instagram.

4. Promocione sus servicios, productos o negocios

Otra forma efectiva de ganar dinero en tu cuenta de Instagram es promocionar tus productos, servicios o negocios.

Si eres dueño de un negocio, entonces tienes una idea clara del tipo de audiencia a la que te gustaría vender. El desafío radica en cómo alcanzarlos. Tus ventas anteriores pueden ayudarte a identificar a los clientes a los que debes dirigirte en tus esfuerzos de promoción en Instagram.

Tu biografía debe estar "en su punto" cuando se trate de describir de qué se trata su negocio. Sigue esto con muchas fotos pintorescas de tus productos.

Una de las formas más poderosas de comercializar tus bienes es publicar fotos de tus clientes con tus productos. Esto debe hacerse con su consentimiento. Es probable que tus prospectos tengan una buena imagen de tus productos cuando vean clientes felices posando con ellos. Por ejemplo, ver a un cliente disfrutar de un trozo de pollo en un KFC puede atraer su apetito. La próxima vez que quiera disfrutar un poco de pollo, sin duda tendrá KFC en mente.

El mismo caso se aplica a tus productos. Si vendes camisetas personalizadas, Haz que un cliente feliz y dispuesto comparta una foto con una de tus piezas. Este es el tipo de anuncio publicitario ideal para tus clientes potenciales, así como para impulsar tus ventas.

Cuando se trata de servicios, las infografías hacen maravillas. Crea infografías claras y atractivas que promocionen tus servicios. Esta es una excelente manera de notificar a tu audiencia sobre las mejores ofertas y descuentos. Presenta la infografía en Instagram, ya sea en forma de historias o de publicaciones individuales.

La libertad de creatividad que ofrece Instagram podría ser fundamental para impulsar tus ventas. Te permite representar tu marca de manera única.

5. Vende espacios publicitarios en tu página de Instagram

Cuando puedas presumir por tener seguidores importantes en Instagram, habrá varias marcas interesadas en anunciarse en tu página. Especializarse en un nicho particular te convierte en una autoridad en el campo elegido.

Por ejemplo, si tú eres una autoridad en acondicionamiento físico con un número considerable de seguidores, puedes vender espacios publicitarios a empresas que venden productos de acondicionamiento físico. Dichos productos pueden incluir suplementos, ropa, equipo, etc.

Atraer clientes que estarían interesados en anunciarse en tu página de Instagram no es fácil. Tu página debe estar cargada con contenido importante y que sirva para aclarar las dudas. Las marcas que quieren trabajar contigo deben ver que tu presencia en Instagram es muy valiosa.

6. Conviértete en un embajador de la marca

Convertirse en embajador de la marca no es la forma más fácil de ganar dinero en Instagram. Pero si lo haces bien, podrías ser una empresa muy lucrativa. Antes de profundizar en ello, aprendamos más sobre los embajadores de la marca.

Entonces, ¿quién es un embajador de la marca?

Un embajador de la marca es alguien que trabaja como representante de la marca en un mercado selecto. La responsabilidad de un embajador de la marca es promover el negocio. Un embajador de la marca podría ser un cliente que previamente recomendó a otros, los productos o servicios de una marca en particular.

Sin embargo, esa no es la única forma de convertirse en embajador de la marca. Si tienes un seguimiento masivo en Instagram, las compañías pueden designarte para que seas su representante de marca en Instagram. La compañía dirige a su embajador de la marca en aspectos importantes, como la forma de interactuar con los clientes.

Como embajador de la marca Instagram, es posible que debas trabajar con el departamento de mercadeo de la empresa. Una de tus responsabilidades puede ser respaldar el producto de la compañía a través de tu página de Instagram. Esto se puede hacer publicando fotos de los productos más vendidos de la compañía.

Cómo convertirse en embajador de la marca Instagram

Lo primero es crear una identidad de marca. Deberías tener una personalidad en Instagram. Además de eso, asegúrate de tener imágenes con un flujo coherente y consistente. Tu contenido no debe ser confuso. Debes predicar el mismo mensaje. Por esta razón, la mayoría de tu contenido debe corresponder con intereses particulares.

Una gran cantidad de contenido que gire en torno a un interés específico te otorgará autoridad como marca. Muestra que tus seguidores de Instagram te han elegido por tu contenido. Este es el tipo de reconocimiento que necesitas para alcanzar las alturas de un embajador de la marca.

Antes de presentar una marca en particular, asegúrate de que tu contenido se ajuste al negocio principal de la empresa. Además, infórmale a la marca qué te convierte en el mejor embajador de la marca para su negocio. La actividad en tu cuenta, así como el tamaño de tu audiencia, deben ser convincentes.

Cómo conseguir clientes

Después de satisfacer todos los requisitos que debe cumplir un embajador de marca, envía un discurso a tus clientes potenciales. Ponte en contacto con varias marcas en tu nicho. Tan pronto como uno acepte trabajar contigo, generarás ingresos a través de tu cuenta Instagram.

7. Vende tu cuenta de Instagram

¿Sientes que tu cuenta de Instagram ha alcanzado su punto máximo? Tal vez has creado una gran audiencia en un nicho particular y te gustaría buscar otra cosa. Es posible que hayas descubierto que la experiencia que has adquirido es suficiente para ayudarte a crear una mejor presencia en Instagram.

Si ese es el caso, debes ir más allá de tu cuenta actual de Instagram. Con todo el trabajo que pones detrás de la creación de tu cuenta, tus esfuerzos no deben ser en vano. Quizás puedas venderlo.

Ir a cuentas virales o intercambio de fama. Estos son sitios web que te ayudan a vender cuentas de redes sociales. Si el tuyo vale la pena, puedes cobrarlo por un buen precio.

Como puedes ver, puedes convertir tu cuenta de Instagram en una fuente de ingresos. Si cumples con los criterios descritos en este capítulo, ya deberías estar generando ingresos en Instagram. Recuerda que una vez que decidas ganar dinero en Instagram, la cuenta debe mantener un gran nivel de profesionalismo sin perder su toque dorado. Ten cuidado con lo que publicas para evitar poner en peligro tu página. ¡Buena suerte!

Capítulo 9: Cómo convertir a tus seguidores de Instagram en compradores

Instagram, como cualquier otra plataforma de redes sociales, se ha convertido en un modo de crecimiento empresarial. La mayoría de las personas de negocios lo usan como una forma de interactuar o publicar imágenes, pero hace más que eso. La misma cantidad de seguidores que tienes, puede ser convertida en compradores potenciales de tus productos. Es posible que necesites crear conciencia de tu producto, marca o servicios y convencer a tus seguidores de que deberían comprar lo que estás ofreciendo. Recientemente, Instagram recibió una buena calificación por mejorar las empresas y generar ganancias. Sin embargo, no es tan fácil como decir ABC, ya que requiere mucho trabajo, habilidades y consejos para que un comprador potencial esté de tu lado.

Antes de lograr que el comprador confíe o escuche lo que estás hablando, debes tener una buena estrategia comercial. Esto ayudará a tus seguidores a decidirse a comprar lo que estás vendiendo o no. Se necesita mucho esfuerzo, debes proporcionar toda la información sobre tu servicio o tu producto y darle al comprador una idea de cómo se verá afectado si no compra tu servicio o tu producto. La mayoría de las empresas y organizaciones han tomado a Instagram por sorpresa y están utilizando campañas y formas innovadoras de obtener un gran número de seguidores. Un seguimiento sin respaldar tu idea no tiene valor, pero ese puede ser el comienzo que necesitas. Puedes convertirlos en compradores potenciales utilizando estrategias creativas de mercadeo que despertarán su curiosidad por saber lo que estás ofreciendo.

Instagram puede ser la mejor vía para tu crecimiento, pero lograr que a tus seguidores les guste lo que estás vendiendo, para luego decidir comprar tus productos y servicios puede ser un desafío. Es posible que debas hacer más sacrificios que simplemente publicar tus productos y explicar a tus seguidores sobre tu marca. Sin embargo, puedes buscar la asistencia de administradores de redes sociales que puedan ayudarte a convertir los "Me gusta" de tus seguidores en una compra o monetizar tu producto en Instagram. Sin embargo, esto no te garantiza resultados instantáneos o comentarios positivos. Tendrás que hacer más que simplemente pensar de manera diferente para mantener una relación saludable con tus seguidores y generar confianza para un enfoque más suave.

Para hacer que tus seguidores se sientan más atraídos a comprar tus productos, puedes probar estos simples consejos:

Ser único

Todas las demás empresas o negocios quieren convertir a sus seguidores en compradores y emplearán las mismas estrategias para llevarlos a su lado. Por mucho que esto funcione, debes ser diferente. Tus compradores potenciales necesitan sentir la necesidad de probar tu marca, ya que tienes algo que las otras marcas no ofrecen. Estarán interesados en comprar tus productos para experimentar la diferencia.

Aquí, debes utilizar ideas de negocios creativas e innovadoras para atraer la atención de tus compradores. Por ejemplo, utilizar siempre el mismo contenido para tu marca o producto puede volverse aburrido ya que no contiene nada diferente. Las personas tienden a conmoverse por lo que ven. Si ven una cosa o una idea de lunes a lunes, definitivamente perderán interés en asociarse con ella. Eso es lo mismo con la promoción de tus productos. Es posible que debas invertir en diferentes ideas para hacerlo más atractivo. Las personas se sentirán atraídas por cosas nuevas, sentirán la necesidad de esperar, ver qué hay debajo del producto y experimentar con él.

Puedes invertir en artistas para que creen contenido innovador y provechoso para tus clientes, todo el tiempo, logrando que tu marca sea única y valiosa. Presentar tu producto o servicio de una manera diferente ayuda al seguidor a sentir que tú tomas las cosas en serio con respecto al producto que estás vendiendo. Puedes decidir usar videos, series o actualizaciones de historias que describan lo que estás vendiendo y eso hará que tus seguidores anhelen más actualizaciones diarias. Eso puede hacer que sus mentes compren.

Recompensas y Promociones

¿A quién no le encantaría comprar productos a precios más bajos y asequibles? Este es un consejo fácil para convertir a tus SEGUIDORES de compradores potenciales a compradores. La gente normalmente se sentirá atraída por las recompensas. Se sentirán motivados por obtener el valor de su dinero comprando tus productos y servicios. Necesitan sentir que te importan y pueden beneficiarse comprando tu producto.

Puedes promocionar tus productos dando un código de descuento para que lo usen tus seguidores dentro de un tiempo específico y hacerle publicidad como una oferta exclusiva de Instagram. Esto es muy importante ya que la mayoría de tus seguidores se aglomerarán en tu página para hacer uso de las ofertas comprando tus productos. Puedes considerar el uso de ofertas atractivas como "compre uno y llévese otro gratis", "compre todos los productos por la mitad de su precio", etc. Dentro del período de tiempo dado, notarás compras masivas ya que las personas no quieren quedarse fuera. Puedes usar este consejo de vez en cuando para que tus seguidores visiten tu página para obtener ofertas y negocios más jugosos.

Mejora tu servicio al cliente

El crecimiento en los negocios significa que hay un cliente feliz en alguna parte. Debes asegurarse de que tu comprador esté contento y satisfecho con tus servicios para hacer que ellos regresan. Un buen trato hará que tu comprador sienta que él te importa y que tus productos o marca tienen el valor de su dinero. Puedes usar una estrategia para proporcionarles una garantía.

Tus seguidores y tus compradores siempre se sentirán atraídos por un buen negocio. Necesitan sentir que tus productos cumplirán con sus estándares y que son seguros en caso de que enfrenten desafíos técnicos o mecánicos en el camino. Ofrecer una garantía más extensa garantizará la protección de tus compradores, y eso es lo que ellos necesitan. Desarrollarán confianza, y eso es algo bueno para tu negocio. Compararán la garantía de otras compañías y negocios y no dudarán en probar la tuya.

Hay casos en los que puedes prometer a tus compradores una garantía de devolución de dinero en caso de que el producto no alcance sus expectativas, estándares de calidad o no sea lo que querían. Aquí, tu comprador potencial puede experimentar tu buen servicio al cliente y realizar la compra sin preocuparse por la seguridad, ya que tienen garantizados productos de la mejor calidad, que funcionarán correctamente y, si no, pueden recuperar su dinero o recibir otro.

Mantente activo de forma regular

Esta es una elección importante. Tus seguidores necesitan sentir tu presencia en tus plataformas de redes sociales para determinar tu seriedad. Estar activo te ayudará a resolver los problemas de tus seguidores con respecto a tus productos o marca. Pueden tener preguntas sobre promociones y descuentos o sobre cómo obtener, dónde obtenerlos o requerir más información sobre cómo funcionan tus productos.

En la mayoría de los casos, tus seguidores de Instagram también pueden seguirte en otras plataformas. Responderle a sus comentarios de una manera amigable y clara puede aumentar sus posibilidades de querer comprar tu marca. Tener una atención al cliente confiable mejorará tu calificación en las redes sociales, ya que tus compradores potenciales se sentirán más atraídos a realizar transacciones contigo o tu empresa.

Amplía tus territorios en canales de comercialización

Este consejo tendrá un efecto positivo en tu percepción. Tendrás más canales para vender tu marca o producto. Podrás llegar a un gran número de personas y aumentar tus seguidores. Cuantos más seguidores tengas, más conocido será tu producto.

Una vez que hayas establecido un número masivo de seguidores, puedes trabajar para convertirlos en compradores, proporcionándoles toda la información sobre los beneficios que obtendrán, una vez que consideren comprar tus productos. Asegúrate de publicar contenido de alta calidad para no solo aumentar tu número de seguidores y "Me gusta", sino también para atraer a tus compradores potenciales para que compren tu producto. Publicar contenido mediocre siempre afectará tu marca y eso puede conducir a una disminución del número de seguidores o del crecimiento potencial del negocio. Debes asegurarte de no ignorar o confiar en una plataforma. Cuantas más plataformas, más oportunidades tendrás para tus futuros emprendimientos.

Apúntale a tu audiencia

Cuando intentes convertir a sus seguidores en compradores, asegúrate de saber quiénes son tus audiencias. Debes establecer un vínculo entre tus seguidores y comprender el impacto que tu marca tendrá en ellos. Debes utilizar la plataforma adecuada para dirigirte a cada tipo diferente de personas. En Instagram, notarás que tus usuarios son jóvenes.

En la mayoría de los casos, los empresarios y las empresas cometen errores al concentrarse en los productos o vender sus marcas sin dar a su audiencia parte del contenido. Utilizan la plataforma para describir el lado positivo de sus bienes y servicios sin describir los efectos que tendría sobre el usuario. Debes asegurarte de convencer a tu audiencia de que lo que estás vendiendo es lo que ellos necesitan y están buscando. Dar una imagen clara del valor que agregarías a la vida de los clientes o como podrías salvarlos en una situación determinada puede ser una gran ventaja.

Sé diferente, apunta a las necesidades de tus seguidores, como también al tipo de personas a las que necesitas que llegue la información. Por ejemplo, si necesitas gente joven, puedes publicarla en Facebook e Instagram y las personas mayores se encuentran fácilmente en Twitter. El uso adecuado de tu plataforma puede aumentar tus seguidores y aumentar el interés de tus compradores potenciales a los productos que satisfacen sus necesidades.

Continúa comercializando tu marca

Es bastante lamentable, pero tendemos a pensar que una vez que tus seguidores se convierten en compradores y adquieren tus productos, es el final del juego. Ese no es el caso. Como les presentarás nuevos productos, debes proporcionarles información y contenido que los insite a comprar de nuevo.

Debes continuar interactuando y comprometiendo a tus clientes ofreciéndoles recompensas y promociones de vez en cuando para crear una relación sólida. Si lo haces una sola vez, no te preocupas por verificar o garantizar que las noticias que enviaste llegaron a tus seguidores, no debería sorprenderte si no tienes ni siquiera un solo comprador. Esta debería ser una postura constante. Esto aumentará la tasa de visitas de tus seguidores cada vez que publiques algo sobre tus productos o marca.

Proporcionar información clara y en su punto

Siempre asegúrate de crear suficiente conciencia sobre tu marca o producto mientras vas "directo al grano". No tienes que exagerar tus ventajas competitivas

Mantén una mejor relación con tus seguidores y dales contenido de alta calidad; información que los ayude a tomar una decisión al elegir comprar tu producto. No deben ser mensajes largos, sino cortos y claros con mucho peso.

Puedes proporcionar su información de contacto, donde pueden conectarse más allá de Instagram, llevarlos a la página de destino correcta para una navegación sencilla. Ya sea que estén en línea o no, pueden ser capaces de comprar tu marca.

Ser original

La mayoría de las personas tienden a confiar más cuando tienen una idea de quién eres. Puedes darles un poco de información de fondo sobre ti, tu familia y demostrarles que eres en una persona real. Copiar a otras personas puede hacer que algunos seguidores dejen de seguirte, ya que pueden estar buscando algo diferente a los demás. Ser tú mismo puede ayudar a atraer compradores potenciales, ya que esto será más atractivo. La mayoría de las personas se sienten seguras haciendo negocios o invirtiendo en personas en quienes pueden confiar, sentir afinidad y conocer. Es evidente que a las personas siempre les resulta fácil asociarse con personas reales que son diferentes y no normales o iguales a los demás. Apunta a ser único en la forma en que comercializas tu marca, ya que los compradores llegarán a ti.

Háblales

Puedes tener una gran cantidad de seguidores, pero puedes comunicarte fácilmente con ellos comentando sus publicaciones o compartiendo enlaces sobre tu marca o producto. Puedes hablar con ellos a nivel personal interactuando con ellos. Puedes pedirles que compartan tus enlaces o tu historia con sus amigos. Eso te ayudará a conseguir más seguidores y convertirlos en compradores. Puedes crear videos de tu marca y publicarlos en tu página. Eso puede mejorar fácilmente el conocimiento y aumentar el número de visitas a tu página. Puedes publicar imágenes de tu marca en tus plataformas sociales e interactuar con ellos en los comentarios y responder a sus preguntas. También puedes comunicarte de uno en uno en caso de que hayan entregado sus datos para ser contactados. Convertirás a tus seguidores en compradores mediante una comunicación sencilla.

Es importante enfocarse y concentrarse en hacer crecer tu negocio o marca a través de las plataformas de redes sociales. Puedes usar consejos como hablar con tus seguidores o conocer a tu audiencia. Esto es una característica clave para lograrlo. Todavía puedes mantener a tus compradores siendo original y único, ya que los atraerás hacia ti. Una vez que tengas un comprador potencial, continúa comercializando tu marca y dale a tu público información precisa.

Capítulo 10: Consejos para configurar tu cuenta de Instagram

En este capítulo, aprenderá cómo puedes configurar tu cuenta de Instagram, elegir un nombre para tu perfil comercial, cómo ganar seguidores en Instagram y el tipo de contenido que debes publicar. ¡Sigue leyendo para descubrirlo!

Cómo configurar tu cuenta de Instagram

Desde su inicio en 2010, Instagram se ha convertido en un medio integral para el mercadeo. Un estudio reciente muestra que actualmente hay más de mil millones de usuarios de Instagram en el mundo, por lo que es la plataforma ideal para cualquier negocio que busque crecer y convertir a los clientes potenciales.

Instagram se usa en teléfonos, aunque también puede acceder a la versión web. Entonces, para usar Instagram, necesitarás un teléfono Android o iOS o tableta inteligente.

¿Cómo puedes registrarte en Instagram? Al instalar la aplicación, se te pedirá que te registres para obtener una nueva cuenta o que te registres con tu cuenta Facebook. Al registrarte para obtener una cuenta comercial, se recomienda que elijas un correo electrónico comercial relevante que coincida con todas tus cuentas de redes sociales. Esto garantizará la coherencia y facilitará que las personas encuentren tu perfil. Una dirección de correo electrónico le brinda la oportunidad a los clientes, que desean ponerse en contacto contigo, de enviar un correo al que tú puedes responder rápidamente.

Elegir un nombre de usuario

Al decidir el nombre de usuario para la cuenta de Instagram, es esencial mantenerlo uniforme en todas las plataformas de redes sociales. Esto crea consistencia en todas tus plataformas permitiendo a los usuarios reconocer tu marca con facilidad.

¿Y qué opinas de elegir una foto de perfil? Esto es lo primero que verá un visitante a tu perfil. La foto de perfil tiene mucha importancia. Debe ser clara, fresca y sin desorden. Si tu empresa u organización tiene un logotipo, mascota o acrónimo, puedes usarlos como imagen de perfil en un fondo limpio. Evita usar imágenes que no estén asociadas con tu negocio como imágenes de perfil. Esto será tan extraño para tu negocio como que empresas de automóviles tengan una foto de Leo Messi o Cristiano Ronaldo como foto de perfil.

¿Cómo se escribe una excelente biografía de Instagram?

Cuando redactes tu biografía de Instagram, es esencial verla como una forma de hacer publicidad y crear una marca. Esta es una de las primeras cosas que verán los usuarios de Instagram antes de desplazarse hacia abajo hacia tus publicaciones. Por lo tanto, debe ser cautivadora, así como también debe aportar algo a la narrativa de tu marca, decirles a tus visitantes un poco más sobre lo que haces, quién eres tú, la importancia que puedes tener para ellos y tus contactos.

Instagram también le permite vincular una URL en tu perfil comercial. Como empresa, debes elegir un enlace cuya página de destino sea crucial para tus estrategias de ventas.

Conectando Instagram a tus otras cuentas de redes sociales

Después de configurar tu cuenta de Instagram, ahora puedes vincularla a tus otras cuentas de redes sociales. Las plataformas de redes sociales más populares a las que puedes conectar su cuenta de Instagram son Facebook, Twitter y LinkedIn. Vincular estas cuentas facilitará el intercambio de imágenes y garantizará la uniformidad.

Después de configurar todos los conceptos básicos sobre tu cuenta de Instagram, es hora de que aprendas cómo puedes conducir el tráfico desde tu fuente de noticias hasta tu sitio web.

Cómo ganar más seguidores en Instagram

Tu cuenta de Instagram puede ser muy inútil si no tienes seguidores. Los seguidores son personas que pueden ver tus publicaciones directamente en sus feeds. Por lo tanto, es vital que ganes seguidores antes de continuar. Para los principiantes, puede ser muy difícil obtener nuevos seguidores. Sin embargo, eso no debería preocuparte porque explicaré algunos de los métodos para aumentar tu seguimiento de Instagram. Sigue leyendo para averiguarlo.

1.   Usa Hashtags

Los hashtags son una característica popular en Instagram. Incluso puedes seguir el hashtag que más te interese. Son una vía fácil para que tu contenido sea notado por otros usuarios de Instagram que no necesariamente sigues. Por ejemplo, si eres un artista, agregar hashtags sobre el tipo de instrumentos musicales utilizados en tu imagen expande tu grupo de influencia hacia otros usuarios que están interesados en el mismo y no te siguen.

Los hashtags se pueden dividir en tres categorías: veamos cada uno de ellos.

Hashtags de marca y campaña

Estos hashtags se pueden usar para promocionar marcas y otras campañas. Los hashtags de marca pueden ser el nombre de una empresa o un eslogan famoso. Siempre debe ser relevante para tu publicación porque puede perder significado y quedar inutilizado. Las marcas influyentes han utilizado sus famosos lemas para ayudar a aumentar el conocimiento sobre la marca y, al mismo tiempo, permitir a los usuarios de Instagram adoptar el eslogan en sus fotos y videos.

Los hashtags de la campaña, por otro lado, son casi similares a los hashtags de la marca, pero están más relacionados con un tema en particular de esa marca. Cuando un jugador de fútbol ha sido abusado racialmente, por ejemplo, se puede usar un hashtag de campaña como #DileNoAlRacismo.

Hashtags de tendencia

Estas pueden ser una excelente herramienta para comercializar tu negocio. Solo pueden ser relevantes durante unas pocas horas, días o semanas, pero el tráfico y los seguidores que puedes obtener de él pueden permanecer durante mucho tiempo. Ejemplos de hashtag de tendencias pueden ser #Throwback, #MotivationMonday, entre otros. Sin embargo, para que sean relevantes, deben ajustarse a tu nicho. Si tu nicho es sobre azulejos y decoración, puede usar un hashtag como #DisenodeInteriores.

Hashtags de contenido

Estas son etiquetas que brindan más información sobre el contenido que estás compartiendo. Pueden generar más conversiones al dirigir personas que no te siguen a tus publicaciones.

Entonces, ¿cómo puedes ganar seguidores usando hashtags? Esta es la manera, primero, puedes comenzar siguiendo a los usuarios con los que tienes intereses comunes. Es más probable que te sigan.

También puedes capitalizar los hashtags de tendencia. Estas etiquetas, en la mayoría de las ocasiones, son vistas por un gran número de usuarios, publica tu foto usando el hashtag y es más probable que ganes nuevos seguidores.

2.   Conéctalo a otras cuentas de redes sociales

Conectar tu cuenta de Instagram a otras plataformas como Facebook puede ayudarte a aumentar tus seguidores, ya que el 24% de tus amigos en Facebook también son usuarios de Instagram. Esto ayudará a tus amigos a descubrirte como usuario de Instagram y a seguirte de inmediato. Como discutimos anteriormente, esto es algo que debes hacer al configurar tu perfil. Si alguno de tus amigos de Facebook se une a Instagram, recibirás un alerta y podrás seguirlo también.

3.   Únete a los grupos de interacción de Instagram

Esta técnica es ideal para principiantes. Los novatos en Instagram han visto aumentar enormemente su número de seguidores al unirse a grupos de compromiso. Si bien puede ser atractivo unirse a grandes grupos de interacción de Instagram, el hecho es que obtendrás una lista más específica de seguidores si te apegas a lo que haces. Existen numerosos grupos de compromiso del mundo de la moda, viajes, belleza y deportes. De estos grupos, puedes obtener seguidores y "Me gusta" de usuarios que tienen intereses similares. Si te siguen, debes devolver el favor siguiéndolos. Esta estrategia puede ganar hasta 2000 seguidores en un corto período de tiempo. Aunque no te ayudará a realizar ventas inmediatas, te permitirá ganar credibilidad, por lo que tu cuenta comercial no va a mostrar que tienes muy pocos seguidores. Es más una estrategia a corto plazo para tus primeros días o semanas en Instagram.

4.   Vuelva a publicar el contenido de otro usuario.

Esto te ayudará a ganar más seguidores de tal manera que tu perfil sea visto por muchas más personas. El truco aquí es que solo debes volver a colocar en la red, publicaciones atractivas que se relacionen con tu nicho. ¿Cómo sabes qué volver a publicar? Usa hashtags. Explora la lista de hashtags y encuentra publicaciones de alto rendimiento que tu competidor no haya publicado. Elije el que sientas que puede tener un alto compromiso y vuelve a publicarlo.

5.   Obtén promoción en Buzzfeed

Para ganar más seguidores en Instagram, tendrás que encontrar una manera de aprovechar una audiencia masiva; nadie puede colocar publicaciones de contenido en Instagram como lo hace Buzzfeed. Si Buzzfeed no es adecuado para tu nicho, puedes usar otras herramientas como HARO, donde puedes obtener solicitudes de conexión de usuarios interesados en el mismo nicho que el tuyo.

6.   Solicítale a tus clientes que compartan tus fotos.

Si todavía eres nuevo en Instagram, ganar nuevos seguidores puede ser más cómodo con las publicaciones de los clientes en tu feed. Esto ayudará a aumentar tu valor social. Comunícate con tus clientes y ofréceles obsequios por tomar fotografías de calidad con tu producto. Cuantas más fotos de clientes aparezcan en tu perfil, más personas estarán interesadas en tu producto. Ellos comenzarán naturalmente a etiquetar tu cuenta en las publicaciones una vez que las compren. Si lo deseas, comenta, vuelve a publicarlo y síguelos, es más probable que te sigan.

7.   Sigue a las personas o dale "Me gusta" a sus fotos

Este es uno de los trucos más básicos para ganar seguidores. Es una forma de llamar la atención de las personas al prestarles servicios: "Me gusta" a sus fotos o seguirlas. Según un estudio, por cada 100 imágenes que "te gustan", generas 25 "Me gusta" en tus fotografías y te ganas seis nuevos seguidores. No hay ningún daño en seguir a usuarios aleatorios de Instagram y confiar en que te sigan. Seguir a otras personas estimula la curiosidad que los lleva a tu perfil. Si tu perfil los impresiona, hay muchas posibilidades de que te sigan. No te preocupes por seguir a demasiados personas antes de obtener un número significativo de seguidores. Siempre puedes ordenarlos usando aplicaciones como Instafollow para averiguar quién dejó de seguirte.

8. Tener un estilo consistente

La gente no te sigue basándose en el contenido que ya has publicado, sino por lo que es probable que publiques a continuación. Digamos que tu cuenta publica zapatos femeninos todos los días sin falta; los usuarios notarán que es más probable que vuelvas a publicar porque tu registro anterior muestra coherencia. Por lo tanto, te seguirán con la expectativa de que compartirás el mismo contenido.

Tener un tema consistente no se trata solo de crear una marca, sino de crear expectativas para tu cuenta. Si puedes entregar con esa consistencia, obtendrás más seguidores en Instagram a un ritmo más rápido.

9. Trabaja con personas influyentes

Esta es otra forma de aumentar tu número de seguidores de Instagram. Haz que un influencer te agradezca en tu perfil o toma el control de tu cuenta. Los influyentes tienen seguidores leales y es muy probable que les pida que sigan tu cuenta. También tienen una gran cantidad de seguidores. Sin embargo, debes tener cuidado de evitar personas influyentes que puedan enviar tráfico falso, esto se debe a que cuando tu cuenta recibe una avalancha repentina de seguidores falsos, corre el riesgo de ser prohibida.

Si estás buscando una táctica más efectiva, puedes pedirle a la persona influyente que se haga cargo de tu cuenta.

10. Está atento a lo que funciona.

Cuando te encuentres con una publicación viral, investiga de qué se trata. Notarás un patrón en la publicación. Por ejemplo, si la etiqueta está llena de zapatos o ropa con colores brillantes y contrastes agudos, intenta tener tu versión de tales publicaciones y v qué sucede. Debes tener en cuenta que, en este caso, a los usuarios de Instagram les encantan las fotos hermosas y atractivas. Las imágenes aleatorias de baja calidad de tu perro, comida o bebidas no se destacarán. Intenta ser extremadamente selectivo al elegir la foto que deseas subir.

11. Usa filtros populares

Esta no debería ser tu estrategia principal, pero deberías intentarla. Los filtros populares pueden ser identificados fácilmente por otros usuarios que les gustan y podrían hacer que te sigan. Se trata más de conectarte con alguien que tiene intereses similares.

Capítulo 11: Estudios de casos de éxito en Instagram

Hay varias marcas, empresas y personas que han usado Instagram para crecer y alcanzar su potencial. No es solo una historia; Instagram ha impulsado a las marcas a llegar a más clientes a nivel mundial. Además, ha creado negocios desde cero e incluso ha desarrollado los objetivos personales de las personas. Es decir, esto es real y funciona. Sin embargo, algunos pueden dudar y decir que lo han intentado, pero nunca funcionó. Tal vez hay algunas cosas que te perdiste, o te impacientaste ya que conseguir el interés de los demás lleva tiempo. Echa un vistazo a estas marcas, empresas y personas que tuvieron mucho éxito al usar Instagram.

Nike
La mayoría de los amantes del deporte en todo el mundo se han encontrado con la marca Nike más de una vez en diferentes medios. Uno de ellos es Instagram, ya que sin duda, millones de personas han aprendido sobre sus productos. La marca tiene más de 90 millones de seguidores y se encuentra entre las 20 marcas con más seguidores en Instagram. Si Nike hubiera optado por comercializar a través de anuncios de televisión y radio, lo más probable es que solo los clientes dentro de los Estados Unidos conocieran su producto. Esto se debe a que la compañía es una empresa estadounidense de fabricación de calzado con sede en Beaverton, Oregón, Estados Unidos.

La comunidad masiva en línea, especialmente en Instagram, ha permitido a la compañía manejar un promedio de aproximadamente 1,000,000 comentarios de clientes cada año. Nike utiliza un enfoque personalizado para interactuar más con el público así como también en el desarrollo de su coherencia en las redes sociales. Cada año, Nike experimenta un incremento diario de sus seguidores en línea, en un promedio que oscila entre veinte y sesenta seguidores en

Instagram. La compañía ha optado por asignar un equipo que maneja clientes de redes sociales. Por lo tanto, Nike es una de las marcas en Instagram, que ganó su éxito con su presencia en las redes sociales.

Vans

Vans es otra marca con sede en Costa Mesa, California, Estados Unidos, con un número de seguidores de Instagram de más de 17 millones. Cuando visitas todas sus páginas de redes sociales, te das cuenta que Vans se enfoca principalmente en promocionar sus productos con Instagram. Esto no es ninguna excepción. La marca es conocida por hacer la estrategia clásica de dejar escurrir sus publicaciones (slip on) con productos fotográficos solitarios o de acción. Las fuentes de noticias han sido vistas, comentadas y gustadas por una vasta comunidad de Instagram que también son sus clientes potenciales. Es decir, Van usa Instagram y otras plataformas de redes sociales para exhibir y comercializar sus productos.

En algunos casos, Vans utiliza los feeds de Instagram más atractivos, algunos más raros y divertidos, pero con el objetivo principal de promocionar sus productos. Más aún, la compañía tiene bastante éxito en Instagram, ya que ha atraído el interés mundial en sus productos a pesar de estar localizada en América del Norte. Además, Van inicialmente hizo un llamamiento a los patinadores adolescentes, pero actualmente se enfoca en mostrar su lealtad al patinaje adolescente de una manera más atractiva. En este caso, Van es otra marca con la que una gran comunidad de seguidores en Instagram se ha beneficiado con éxito a través del tiempo.

Lego

Todos han entrado en contacto con Lego, una empresa de juguetes establecida en 1932 y con sede en Billund, Dinamarca. Con alrededor de cinco millones de seguidores en Instagram, Lego usa los juguetes para entretener a los adultos con el producto plus para niños. Si no estás siguiendo esta marca, te estás perdiendo mucho, especialmente si eres una persona amante de la diversión. Por ejemplo, Lego publicó un video en Instagram, imitando la boda real en 2018 usando juguetes. El video obtuvo más de 100,000 visitas durante las primeras semanas. A través del hashtag #BodaReal, Lego promovió su marca, llegando a más personas que se unieron a la comunidad de Instagram de Lego.

Al hablar sobre el éxito de Instagram con esa compañía, Lego usa el video para mostrarle al público que no se trata solamente de los juguetes, sino de otras cosas más. Es decir, los productos que distribuyen pueden hacer más que simplemente algo para que los niños jueguen y se diviertan. Cuando acompañaron el video con el hashtag, atrajo a más personas al video ya que #BodaReal estaba en tendencia en todo el mundo en ese momento. Por lo tanto, Instagram se convirtió en una plataforma que promovió el éxito de Lego mientras construía la reputación del cliente y aumentaba la popularidad entre las personas de todo el mundo. Por lo tanto, los especialistas en mercadeo pueden hacerlo, así que busca información útil que, al utilizar hashtags de tendencia y elementos visuales relevantes, probablemente te hagan tener éxito en Instagram.

ESPN

A decir verdad, no a todos les gusta seguir una página con noticias constantes o deportes con una forma de presentar la información siempre similar e interminable una y otra vez. A muchos les gusta divertirse y, a veces, eliminar la seriedad que acompaña a una publicación determinada para que sea atractiva y para disfrutar el momento. Sin embargo, muchos canales de noticias de televisión y radio luchan con este problema mientras trabajan para atraer a la población en general a seguir y adquirir sus servicios. El canal típico de noticias o deportes puede lograr obtener entre 500 y aproximadamente 2,000 comentarios en sus feeds. A diferencia de la mayoría de estos canales, ESPN utiliza una presencia única en las redes sociales, lo que ha convertido al canal deportivo entre los más queridos y seguidos en Instagram.

ESPN utiliza las estrategias más atractivas, como solicitar cuestionarios en línea sobre equipos favoritos o contenido relacionado, lo que desencadena fácilmente las emociones de los amantes del deporte. Tales preguntas generalmente influyen en un individuo para responder o tomar una decisión sobre un aspecto en particular. En este caso, es probable que las personas se involucren más con los sujetos y, en adelante, les encantaría tener una interacción similar con mayor frecuencia. Por lo tanto, ESPN obtendría más seguidores mientras aumenta el compromiso de sus seguidores con el tiempo. En consecuencia, esto conduciría a un aumento de comentarios que puede ir desde 30,000 hasta más de 100,000 en cualquier feed realizado en Instagram. Esta técnica ha permitido que el canal se convierta en uno de los principales canales deportivos, y más aún, en las interacciones en las redes sociales.

Lorna Jane

A diferencia de la mayoría de las marcas que usan feeds en Instagram para comprometer, atraer y tener un número significativo de seguidores, Lorna Jane utiliza una forma única de tener éxito en el mercadeo social. Lorna Jane es una marca fundada en 1990 en Brisbane, Australia, que se ocupa principalmente de la fabricación y distribución de ropa deportiva femenina. La marca fue fundada y es propiedad de Lorna Jane Clarkson y Bill Clarkson. Hay varias formas en que la compañía comercializa sus productos y gana popularidad en Australia. Sin embargo, en Instagram, Lorna Jane utiliza una técnica de mercadeo completamente nueva. En lugar de publicar productos en sus feeds, la compañía utiliza una persona que muestra un estilo de vida activo como resultado de los productos proporcionados por Lorna Jane.

Con casi un millón de seguidores en Instagram, las fotos de Lorna Jane en sus feeds muestran cómo una mujer joven, activa, deportiva y jovial está viviendo una vida impactada por la marca. En la mayoría de los casos, las marcas prefieren cargar sus propios productos en Instagram con un marco excelente acompañado de costos u otros componentes relacionados. Sin embargo, Lorna Jane utiliza a una persona como fuerza impulsora para atraer y exhibir tanto ropa como accesorios con productos coloridos, inspiradores y atractivos. Esta estrategia, por lo tanto, permite a los seguidores, así como a otros clientes potenciales participar y tener una idea del estilo de vida retratado en la publicación. Como resultado, Lorna Jane se ha convertido en una de las marcas más exitosas en Instagram, especialmente en Australia.

Huda Kattan

Muchas personas están familiarizadas con Huda Kattan, quien es ampliamente conocida como maquilladora profesional en los Estados Unidos. Nacida en Oklahoma City, Oklahoma, Huda Kattan es reconocida en todas las plataformas de redes sociales, incluido Instagram. Comenzó como blogger escribiendo sobre su pasión por la belleza, transformó sus estrategias de marketing en Instagram, donde creó una página con su marca. Hoy, Huda Kattan tiene casi 40 millones de seguidores de Instagram que principalmente abrazan, buscan y admiran su trabajo y distribución en la industria de la belleza y la moda.

Cuando hablamos de cómo Instagram impacta el éxito de una persona, uno de los mejores ejemplos es el de Huda Kattan. Ella ha pasado de ser una bloguera, hablando de su pasión por hacer bellas a las mujeres, a crear una comunidad en línea con millones de personas detrás de ella que celebran sus acciones. Instagram tiene que ver con lo visual, la belleza y la moda. Por lo tanto, cuando deseas tener éxito, crecer y desarrollarte como persona, Instagram proporciona una amplia plataforma para mostrar tu trabajo. Eventualmente lo hace más interactivo mientras se hace cargo del interés de los demás, lo que te convierte en uno de los que obtiene el éxito en línea.

Cameron Dallas

Ser una personalidad de Internet nunca está lejos de Instagram y otras plataformas de redes sociales. Es decir, puede convertirte en uno de los individuos más exitosos a nivel mundial. Tomemos un ejemplo de Cameron Dallas, una personalidad estadounidense de internet nacida en 1994 en Whittier, California, Estados Unidos. Cameron comenzó en Vine y YouTube, haciendo videos y publicándolos. Con el tiempo, se unió a Instagram, creando una comunidad masiva de más de 21 millones de seguidores. Su presencia y trabajo llamó la atención de otras organizaciones prominentes, incluida Netflix, y fue contratado para presentar un programa, Chasing Cameron.

Cameron Dallas comenzó a crear videos cortos y canciones, así como a publicar en diferentes redes sociales y foros, que también incluían Instagram. Con el tiempo, su cuenta de Instagram comenzó a crecer y el número de seguidores aumentó continuamente. Del mismo modo, otras cuentas, incluidas Vine y YouTube, así como Facebook y Twitter, crearon una comunidad más importante de fanáticos.

Sus publicaciones en Instagram son carismáticas, atractivas y conmovedoras, por lo tanto, construyen la conexión que tiene con sus seguidores. De esta manera, Cameron Dallas demuestra que mostrar tu personalidad no solamente hace que obtengas popularidad, sino que también puede atraerte una fanaticada importante.

Selena Gómez

Sin duda, si has estado en Instagram, has escuchado o vislumbrado a Selena Gomez en una o más ocasiones. Selena Gomez se convirtió en la persona más seguida en Instagram durante tres años consecutivos hasta que Cristiano Ronaldo la superó. Con un número actual de seguidores de más de 157 millones en Instagram, Selena Gomez es una celebridad influyente ampliamente reconocida, que usa su estado para promover causas benéficas. Por ejemplo, sus feeds de Instagram comprenden varias publicaciones, la mayoría de las cuales acompañan iniciativas contra acciones que van en contra de los derechos humanos, por ejemplo, el tráfico de personas.

Además, también publica sobre sus fotos personales, lo que le permite interactuar fácilmente con sus fanáticos, convirtiéndola en una de las personas más influyente en las redes sociales. En una ocasión, cuando se le preguntó acerca de su gran base de admiradores, Selena Gómez declaró que es vital permanecer en conexión con sus seguidores, especialmente cuando interactúa con ellos. También mencionó sobre la consistencia y la importancia de proveerles una imagen real de uno mismo en lugar de usar a otros para que actúen en su nombre. Como una de las 10 personas más seguidas en Instagram, Selena Gomez tiene bastante éxito en su carrera e interacción social en línea, más aún, en Instagram.

Cristiano Ronaldo

Como se mencionó, Cristiano Ronaldo es la persona más seguida en Instagram, con más de 183 millones de seguidores. La megaestrella del club de fútbol Juventus y cinco veces ganador del Balón de Oro figura en tercer lugar entre los Influencers de Instagram mejor pagados con $ 750,000 por feed patrocinado. Los seguidores de Cristiano Ronaldo en Instagram siempre se mantienen interactuando y comprometidos en varios de los temas que publica. Por ejemplo, el jugador del equipo de fútbol Juventus tiene una asociación con Nike, donde publica sobre los productos de la compañía. Del mismo modo, Cristiano publica sobre el mercadeo de su línea de ropa interior, sobre el producto, así como otros patrocinios.

Además de comercializar y mostrar su carrera, Cristiano Ronaldo es un apasionado de publicar sobre la vida personal mientras actualiza a sus seguidores sobre lo que pasa en su vida. Más aún, muestra sus publicaciones de familia, juego y entrenamiento, lo que sin duda mantiene a sus seguidores conectados y siempre hablando sobre él. Al igual que Selena Gomez, Cristiano Ronaldo a menudo publica y mantiene a sus fanáticos comprometidos a compartir lo que tienen sobre él. Por lo tanto, mantiene a sus seguidores frecuentemente interesados en sus publicaciones, por lo tanto, construye su base de seguidores diariamente. Se ha identificado como la persona con más éxito en Instagram, especialmente en publicar o compartir regularmente contenido agradable y de alto nivel.

Daily Dose

Con más de 1.6 millones de seguidores de Instagram, Daily Dose es una empresa de mercadeo digital que ofrece citas motivacionales diarias. Es la primera cuenta y la de mayor crecimiento, que presenta mensajes poderosos en forma de estímulos y construyendo bloques de actividades diarias de un individuo. Daily Dose canaliza principalmente estas publicaciones hacia las de la industria Fortune 500. Establecido por Tim Karsliyev, se estima que Daily Dose afectará a más de 200 millones de personas en todo el mundo. El fundador declaró que su objetivo principal es cambiar y marcar la diferencia para las personas que parecen haber perdido la esperanza o cuyas esperanzas han enfrentado desafíos.

En sus feeds, Daily Dose usa memes e imágenes, así como otros formatos visuales para crear citas esenciales de aliento para diferentes grupos. Para motivar que las personas participen en sus publicaciones, Daily Dose utiliza una técnica simple pero bastante efectiva que se relaciona fácilmente con los seguidores de Instagram. Las publicaciones generalmente se citan para compartir y los seguidores pueden relacionarse con sus vidas pero con intenciones positivas, especialmente para aquellos que se sienten deprimidos o abandonados. Más aún, puedes adoptar e implementar fácilmente estos mensajes en tu vida diaria sin consecuencias negativas. Daily Dose, como la mayoría de las cuentas exitosas de Instagram, ha mostrado esfuerzos significativos para construir una base sustancial de fanáticos a partir de contenido único en sus feeds.

Apartment Therapy

Con más de 2.2 millones de seguidores desde el lanzamiento de la cuenta, Apartment Therapy se ha convertido en otra marca exitosa que ofrece terapia en línea a través de la exhibición de residencias que ayudan a relajarse. Las fotos e imágenes que se encuentran en el feed de la cuenta de Instagram muestran algo único y muy creativo; por ejemplo, las dos últimas imágenes de los ambientes más amigables con características únicas. Si alguna vez ha entrado en contacto con estas imágenes, entonces estarás familiarizado con las acogedoras casas, que encontraron en sus feeds y sus alrededores, las cuales son muy silenciosas y verdes.

Cuando comenzó Apartment Therapy , muchos no estaban familiarizados con la forma como afectarían, con imágenes, la vida de los demás. Sin embargo, ahora mismo se puede ver lo mismo con una cuenta de seguidores cada vez mayor, lo que ha mejorado significativamente el éxito del negocio. Conocido como Apartment Therapy, los hogares publicados acompañan un excelente ambiente para un hogar muy cómodo, especialmente para los amantes del hogar con acceso limitado a estos lujosos apartamentos.

Conclusión

Instagram es un servicio de redes sociales creado para compartir fotos y videos. La publicidad de Instagram es una manera de invertir dinero, para compartir contenido patrocinado en Instagram y de esta manera llegar a un público más amplio y específico. Si bien hay varias razones por las cuales las empresas pueden decidir publicitarse, los anuncios de Instagram, a menudo, se utilizan para aumentar la imagen de la marca, generar nuevos clientes potenciales, aumentar el tráfico del sitio web y convertir los clientes potenciales en ventas reales.

Instagram es una plataforma visual, no necesita anuncios de texto. Por lo tanto, necesitas una imagen o un conjunto de imágenes, un video o un GIF para llegar a tu público objetivo a través de anuncios de Instagram. ¡La mejor parte es que la publicidad de Instagram funciona! Alrededor de marzo de 2017, las estadísticas mostraron que más de 120 millones de usuarios de Instagram visitaron un sitio web, llamaron, recibieron instrucciones, enviaron correos electrónicos o enviaron mensajes directos para preguntar sobre negocios basados en un anuncio de Instagram. Instagram dice que el 60% de los usuarios descubre nuevos productos y servicios en la plataforma y más del 75% de ellos llegan más lejos y toman medidas después de inspirarse con el anuncio.

Al igual que otras plataformas de redes sociales, invertir dinero en un anuncio conducirá a una mayor exposición para tu marca, así como a la oportunidad de controlar quién puede ver tu anuncio. Entonces, si no estás usando anuncios de Instagram, ¡sinceramente te lo estás perdiendo!

Finalmente, si encuentras este libro útil de alguna manera, ¡siempre se agradece una crítica honesta!